藤垣裕子
柳川範之

JN231243

東大教授が考えるあたらしい教養

GS
幻冬舎新書
560

はじめに

近年、書店の店頭には教養を身につけるよう促す本がたくさん並んでいます。それだけ、「自分には教養が足りていない」「教養を身につけたい」と感じている方が多いことの表れなのでしょう。本書を手にとってくださったみなさんも、きっと「教養のある人になりたい」と考えているのではないかと思います。

最初にお断りしておくと、本書は「教養と呼ばれる知識を得るための本」ではありません。

本書が目指すのは、今の時代に求められる「あたらしい教養」とはどのようなものなのかを知り、それを身につけるために何が必要かを考えていくことです。

日本では、雑学的なものと教養が混同されているふしがあります。ビジネスシーンでは、会話の中で披露できる知的な小ネタを持っているというのが多くの人のイメージに近いのではないでしょうか。

「論語によれば……」「そのビジネスについては、アメリカに先行事例があって……」といったように、故事や海外事情などを持ち出してレトリック（修辞法）を駆使できる人に対して、「教養がある」と感じる人も少なくないでしょう。


あるいは「教養は身につけたいけれど、仕事に欠かせないものとは思っていない」という人もいるかもしれません。

筆者（藤垣）は、ある経営者が「教養とは修身のようなものだ」といっているのを耳にしたことがあります。どうもその人は、教養という言葉に対して、非常に窮屈で退屈なイメージを持っているようでした。

つまるところ、教養は「あればいいけれど必須というほどではない知識」であり、ビジネスシーンや人生において、さほど実用性はないという捉《とら》え方をしている人も多いのかもしれません。

しかし本来の意味での教養は、今の時代にビジネスパーソンがその能力を発揮するうえで欠かせないものです。教養が身につけば、それはそのまま課題解決力やイノベーションを起こす発想力へとつながります。

このことがピンとこないとすれば、まず「そもそも教養とは何なのか」を知る必要があるでしょう。

本書では、従来の教養観について概観したうえで、「本質的な教養とはどのようなものなのか」を解説します（序章、第1章）。

さらに、東京大学でどのようなカリキュラムが組まれているのか、授業で何が行われているのか、何が目指されているのかについてもご紹介したいと思います（第2章）。

そのうえで、ビジネスの場で生きる教養とはどんなものなのか（第3章）、生きていくうえで力になる教養を身につけるには具体的にどんなことに取り組むべきか（第4章）についても考えていきます。

なお本書は、藤垣裕子と柳川範之が教養について議論した中で生まれた共著です。それぞれの体験をもとにした記述については、「筆者（藤垣）」あるいは「筆者（柳川）」としています。

ただし、第2章「東大で教えている教養」については藤垣が、第3章「教養がない人は生き残れない」については柳川が文責を負います。

本書を通じ、読者のみなさんが教養について考え、実生活の中に生かしていっていただければと思います。

2019年3月

東京大学大学院総合文化研究科・教養学部教授　藤垣裕子
東京大学大学院経済学研究科・経済学部教授　柳川範之

東大教授が考えるあたらしい教養／目次

構成　千葉はるか
DTP　美創

序章　間違いだらけの日本の教養観

日本人の教養観を振り返る

「AさんよりBさんのほうが教養がある」

こんな言い方を聞いたら、みなさんは何をイメージするでしょうか。

「そうか、BさんはAさんよりもずっと物知りなんだな」

「Bさんは、Aさんと比べて歴史やクラシック音楽、絵画などの知識が豊富なんだろう」

一般的な教養観では、おそらくこんなふうに考える人が多いのではないかと思います。

哲学者で前大阪大学総長の鷲田清一《わしだきよかず》氏は、宗教学者の山折哲雄《やまおりてつお》氏との対談の中で日本の経営者の教養観に触れ、「『旧制高校時代、われわれはドイツ語で原書を読んだ』とか『理系でもデカルトは高校のときに読んだ』といったイメージ」「大正時代、あるいは戦前の教養の特徴は、実用的な知識をものすごく軽蔑していた」「戦前の教養主義の教養はすごくドイツ的で文化偏重の教養」などと語っています（肩書きは対談時、東洋経済オンライン「教養をめぐる、経済界トップの勘違い」）。

つまり旧制高校の学生たちの間では、ゲーテ、シェイクスピアなどの文学を読み、その文化に対する理解を持っていることが教養だと考えられていたのでしょう。

また当時は、たとえば学生同士の会話の中で誰かが『吾輩は猫である』のエピソードを引用しようものなら、たちまち決闘のようになる。すなわち、そのエピソードを知っているか否かで相手の教養の程度を推し量る。そういった競争があったことが伝えられています。知識の量の多寡が教養と見られていたわけです。

ちなみに、同じ対談の中で鷲田氏は「フランスでは、市民教育の一環としての教養がすごく大事にされていて、教養教育の主眼は、市民としての成熟、よき優れた市民になることに置かれています。日本の教養主義の中には、そうしたフランス的教養というものがあまりない」とも話しています。

教養とひとくちにいっても、フランスでは日本で一般に考えられている教養とは別の概念が存在していることがうかがえます。

今の日本人の一般的な教養観を簡潔に表すと、「教養を高める＝知識量を拡大する」ということになるでしょう。

「AさんよりBさんのほうが教養がある」という表現に違和感を覚えないとすれば、それは教養を「量」によって比較可能なものと考えているからです。そして比較可能だと考えればこそ、「より多くの知識を身につけよう」という競争に走ってしまうのかもしれません。教養を、からっぽなコップに水を注ぐように「何らかの知識を無から十分な量に向けて蓄積していくもの」と考えている限り、そういった競争の思考から逃れることはできません。

なぜ「教養＝知識量」という誤解が生まれたのか

教養という言葉の意味を知るべく歴史に目を向けると、古代ギリシアを源流とするラテン語の「アルテス・リベラレス（リベラルアーツ）」、ドイツ語の「ビルドゥング」、そして戦後アメリカの「ジェネラル・エデュケーション」という3つの言葉にたどり着きます。

これらの概念については次章で詳しく解説しますが、どの言葉からも「教養＝知識量」という単純な説明はできません。

では、多くの日本人が持つ「いろいろな知識を身につけることが教養であり、知識が多い人こそ教養人である」というイメージはどこから生まれたのでしょうか？

これはおそらく、昔の日本において、知識の輸入に高い価値があったことが理由の一つではないかと思います。

たとえば戦前は、ドイツに渡って現地の書籍やドイツで行われている研究の結果を持ち帰り、それを広めることに意義がありました。海外から入ってくる情報が非常に限られている中、その価値が高く評価されていたのです。

これはビジネスについても同様のことがいえます。

日本人が国内で初めて自動車を作ろうと考えたときに必要だったのは、ゼロから自動車というものを発明することではなく、欧米に行って自動車について調べ、それを持ち帰って再現することであったはずです。

宮崎駿氏が監督したアニメ映画「風立ちぬ」の中で、航空技術者の堀越二郎をモデルとした主人公は航空機の設計に熱中しますが、その技術もやはり欧米で学んだものでした。

つまり、最も大切なのは自動車や航空機についての知識であり、いかに海外から最新の情報を得て活用するかが重視されていたと考えられます。

知識量の重要性は低下している

日本が欧米に追いつくことを目指していた時代には、情報を輸入することに大きな価値が置かれていたのも無理はなかったかもしれません。

しかし日本が先進国化した今、海外から情報を輸入して再現することの価値は低下しています。

それどころか、日本は他の多くの国と比べても少子化や高齢化、地域の過疎化といった問題の進行が速く、「課題先進国」とさえいわれているのです。従来のように海外をモデルとし、その成功事例を模倣するというやり方では、こうした課題に対する望ましい解決策にはたどり着けないでしょう。

この点、何か新たな問題が発生し議論が生じたとき、すぐに「海外ではどう対応しているのか」「他国でいい成功事例はないのか」などと考えてしまいがちな人は注意が必要かもしれません。

日本はさまざまな課題に関して、好むと好まざるとにかかわらずフロントランナーにならざるをえない状況にあるのです。日本企業や日本人が直接、課題に向き合う必要性が高まっていることを認識する必要があるでしょう。

そこで求められるのが情報や知識の量ではなく、課題の解決法や課題の背景にあるものを考え抜く力であることはいうまでもありません。

もう一つ、知識量の重要性を低下させている要因があります。それは昨今の技術革新です。

改めて説明するまでもなく、インターネットとスマートフォンの普及により、人は容易に多くの情報にアクセスできるようになりました。一昔前までは知識や情報を自分の頭の中に入れておくことに高い価値がありましたが、今はたとえ山奥にいても、ネットにつながったスマホがあれば瞬時に世界中の情報にアクセスできるのです。

知識量の重要性が大きく低下している今、より強く求められているのは、知識や情報をベースとして自分の頭で考え、「自分ごと」化し、実りある議論につなげられる力でしょう。

ネット上にあふれかえる情報の弊害

知識や情報については、その重要性が低下しているだけでなく、情報量の増大による弊害さえ起きていることにも留意する必要があります。

たとえば経済学の世界では、長きに渡り、人間は「幅広い選択肢の中から合理的に最も優れたものを選べる」ことを前提としてさまざまなモデルが組み立てられてきました。

しかし現実には、人間が把握できる選択肢には限りがあります。世界中のさまざまな情報にアクセスできるといっても、そのうち実際に目に留めることができるのはごく狭い範囲でしかありません。

つまり「幅広い選択肢の中から合理的に最も優れたものを選べる」というのは幻想のようなもので、多くの場合、人間の選択は「視界に入ったごく狭い範囲の中で、意識を向けることができたものから相対的によさそうなものを選んでいる」にすぎないわけです。

近年の生活において、この「視界に入ったごく狭い範囲」というのが何を指すのかといえば、「グーグルなどによる検索の上位に出てきた情報」ということになるでしょう。検索上位に入らない情報は、多くの人にとって存在しないも同然です。

グーグルのアルゴリズム（処理手順）による情報のランクづけが私たちの選択を規定しているとも考えられるわけです。

ネットで情報を検索するとき、「きちんと複数の情報を見て、よりよいものを選ぼう」と考えたとしても、検索結果がゴミの山だとすれば、選びぬいた情報は「比較的ましに見えるゴミ」でしかないかもしれません。

さらにいえば、フェイスブックなどのSNSの隆盛により、私たちは自分の関心に合わせてカスタマイズされた情報をより多く目にするようになっています。

自分が知りたい情報、自分が正しいと思う情報ばかりが目の前に提示され続ければ、人は「みんな自分と同じように考えているのだから、やはり自分の考えは正しい」と判断するようになりがちです。

2016年にドナルド・トランプ大統領を誕生させたアメリカ大統領選挙の際、フェイスブックなどを通じてトランプ大統領に有利なフェイクニュースが拡散したという指摘があります。これは、SNSによる情報伝達のネガティブな側面が顕著に表れた事例といえるでしょう。

極めて限定的な範囲で偏った情報が拡散し増幅されうるということに、危機感を持っている人も多いのではないでしょうか。

今ほど教養が必要な時代はない

学問の世界でも、情報そのものの価値は低下しています。

かつてはヨーロッパから書物を持ち帰って翻訳すれば、それだけで学者として認められた時代もありました。そのこと自体の難易度が高かったわけですから、成し遂げた人がその業績を評価されたのは当然のことです。

しかし今では、ヨーロッパの書物でも論文でも、ネットで検索すればすぐに探し出すことができます。たとえば筆者（柳川）が学生に「イギリスでは最近こんな本が出て……」などと話したとき、学生がネットでさっと検索して「先生、タイトルが間違っていますよ」などと指摘したりするのも日常茶飯事です。

情報があふれ返り、一瞬でアクセスできる時代になった今、何かを知っているということの価値が昔ほど高くないのは間違いありません。

そのような中で必要とされるのは、持っている情報量の多さではなく、「情報を選別する力」や「情報を結びつけて活用する力」、そして「情報をもとに考える力」です。

このような力こそ、今の時代に求められる「教養」ではないかと思います。

さまざまな社会の課題が顕在化している今、「ほんとうの教養」を身につける必要性は、間違いなく高まっているはずです。これが私たちが考える「あたらしい教養」です。

第1章
「教養」の本質とは何か

「教養」はどのように生まれたのか

ほんとうの意味での教養を身につけるには、前提として、教養とはどのようなものなのかを深く考える必要があります。

まず、教養の歴史上の位置づけを見てみましょう。

前章で少し触れたように、「教養」という概念をさかのぼると、3つの言葉にたどり着きます。

一つは、古代ギリシアを源流とする「リベラルアーツ」です。この言葉は日本語に訳すとそのまま「教養」とされることもあり、「専門教育の前に身につけるべき幅広い知識」といった意味で捉えている人も少なくないでしょう。

しかしリベラルアーツという言葉の源流をたどると、知識量ではかるような「教養」とはまったく別の意味であることが見えてきます。

当時のギリシアには、奴隷制度がありました。そこで「人間が奴隷ではなく独立した自由な人格であるために身につけるべき学芸」としてリベラルアーツという概念が生まれたのです。自由な人格であるためには、自分の思考を自由にする必要があります。「自分の思考を自由にする」というのは、わかりやすくいえば「自分の思考を固定化せず、柔軟にする」ということです。現代には奴隷制度はありませんが、自由な人格であるために何が必要かを考えることは可能です。

リベラルアーツという語源から「教養とは何か」を考えるなら、新たな知識や情報に触れたときに、それをただのデータとして頭にため込むのではなく、それを活用し、思考を柔軟にして自らのとらわれに気づき、そのとらわれから自分を解放して視点を変える力が「教養」ということになるかもしれません。

2つめは、ドイツ語の「ビルドゥング（Bildung）」です。

これはドイツで近代化が進んだ時代に、大学の役割が問われる中で生まれた概念で、日本では「教養」「陶冶《とうや》」などと訳されます。

陶冶という言葉は日常生活ではあまり使われませんが、一般には「生まれついた性質や才能を鍛えて練り上げること」（三省堂『大辞林』）を意味します。

なぜ近代化の中でビルドゥングという概念が出てきたのかというと、近代産業社会が発展する中、さまざまな研究分野が細かく分かれていき、知識の専門化・断片化が進んでいたからです。

専門が細分化して「その分野しかわからない専門家」が増えると、多様な知識を結集しなければ解決できない複雑な問題に対応できなくなることがあります。

そこで「断片化した知識を全体性を持って把握すること＝ビルドゥング」が必要だと考えられるようになったわけです。

ビルドゥングという語源から「教養とは何か」を考えるなら、専門分化した知識や意見に固執せず、全体を見る力が「教養」ということになるでしょう。

3つめは、戦後アメリカで専門教育と対置する形で言及されるようになった一般教育（ジェネラル・エデュケーション）です。

現在は「リベラル・エデュケーション」が一般教育の概念を示す言葉として使われ、

全米大学協会が積極的にこの言葉を使用しています。

日本の大学教育において「パンキョー」（一般教養の略語）と呼ばれていたものは、もとをたどればアメリカのジェネラル・エデュケーションに由来しており、戦後に日本で新制大学を作る際に「自然科学」「社会科学」「人文科学」という3つの分野から幅広く学ぶカリキュラムが設けられたのです。

かつて必修とされた「パンキョー」は1991年、大学設置基準の大綱化の際に多くの大学から姿を消したので、世代によってはこの言葉になじみがない人もいるかもしれません。

ジェネラル・エデュケーションが目指したのは「自由な探求」「無知や偏見からの自らの解放」です。ある程度、知識や情報の基盤を持つことを目指すという点では日本人がイメージする「教養」に近いといえそうですが、知識や情報はあくまで基盤であり、「探求」や「偏見からの解放」が目的であることに留意が必要です。

いかに自分の頭を耕すか

「自分の思考を固定化せずに柔軟にする」「部分的な意見に固執せず全体性を見る」「探求」「偏見からの解放」といったキーワードを見ると、教養を持つということの意味が少しずつ浮かび上がってきます。

知識や情報はこうした教養を持つための土台になりえるものであり、その重要性は否定すべきではありません。まったく知識の土台を持たない人同士が議論をしても、建設的なものにはならないでしょう。

しかし知識や情報ばかりを重視するのは、土台の高さを競い合うようなものといえます。重要なのは、土台の上に「何を構築するか」、知識や情報をベースとして、いかに建設的な議論を行うかであるはずです。

この点、日本で教養について語られる際、知識や情報の量に焦点が当たりがちなのは本質から外れているといえます。

もともと「文化」と「教養」は、ラテン語では同じ語源を持ちます。「Colere（耕す)」という動詞です。

耕すためには土台となる土がなくてはなりませんから、知識を持つことが必要なのは確かです。しかし土台となる土があるだけでは、教養を身につけたことにはなりません。重要なのは、その土台をひっくり返して耕す力です。

もしたくさんの土を集め、高い土台を築いたとしても、その土が固いままでは豊かな実りは望めないのです。教養とは「いかに自分の頭を耕やし、実りをもたらす柔らかい土にするか」だといってもいいでしょう。

「教養がある」とはどういうことか

実りをもたらす教養は、頭に知識を詰め込むだけでは身につきません。教養人になるために、いくつか必要な要素があります。

東京大学に教養学部ができたとき、初代教養学部長だった矢内原忠雄《やないはらただお》は、「ここで部分的専門的な知識の基礎である一般教養を身につけ、人間として片《かた》よらない知識を持ち、またどこまでも伸びて往《い》く真理探究の精神を植えつけなければならない。その精神こそ教養学部の生命なのである」と述べています。

この言葉を読み解くと、まず大前提となるのは真理探究の精神、すなわち思考習慣を持つことです。知識や情報に接したときにそれを丸のみするのではなく、疑問を持って自分の頭で考える習慣を持つことは、教養を身につけるための第一のステップです。思考習慣なくして、教養は身につきません。

「人間として片よらない知識を持ち」というのは、「土台作り」を指すと考えられます。教養は知識量で決まるものではないとはいえ、思考の前提となる一定の知識は必要です。大学で学ぶことや仕事で経験を積むことには、教養を身につけるうえでの土台作りという意義があります。


重要なのは、この次のステップです。

実は東京大学に教養学部ができたとき、東京大学総長だった南原繁《なんばらしげる》も教養学部が目指すものについて述べています。

「教養の目指すところは、諸々の科学の部門を結びつける目的や価値の共通性」であり、

「われわれの日常生活において、われわれの思惟《しい》と行動とを導くものは、必ずしも専門的知識や研究の成果でなく、むしろそのような一般教養によるものである」というのが、南原の考えでした。

この言葉を読み解くと、それぞれ一定の土台を持つ異分野の人が、それぞれの専門的知識を結びつける目的や価値の共通性を見つけ、行動することこそ教養が目指すものであるのではないかと思います。

わかりやすくいえば、異なる考えや意見を持つ人同士が建設的に議論し、思考を発展させていくことが「土台を耕す」ことであり、そのような行動原理を持つことこそが「教養を身につける」ことになります。

「思考習慣を持つ」「土台を作る」「土台を耕す」――この3つのポイントについて、詳しく見ていきたいと思います。

「思考習慣を持つ」ということ

「考える」というのは誰もが自然に行っているように思えますが、それが習慣化している人もいれば、考えることを避けがちな人もいます。

教養を身につけるには、ベースとして自分の頭で考えることが欠かせません。「思考習慣があまりないかもしれない」という人は、さまざまな事柄について「なぜだろう」と疑問を持つことを心がけることから始める必要があります。

自分に思考習慣があるかどうかを知るには、自分と異なる考えにぶつかったときのことを想像してみてください。

たとえば上司や同僚と意見が食い違ったとき、どんなふうに思うでしょうか？「自分のほうが絶対に正しいのに！」と怒りやいらだちを感じ、「気分が悪いからジムで汗を流して帰ろう」などと対処するのは、考えることを放棄する態度だといえるでしょう。

このような場面では、感情でものごとを片づけず、「なぜ上司は自分と意見が違っているのか？」ということを深く掘り下げ、考えてみる必要があります。

こうした習慣は、日常のさまざまな場面で「意識的に考える」ことで身につけることができます。

たとえば「今日会った人はとても感じがよかったけれど、なぜ自分は感じがよいと思ったのか」「今日のランチでは、なぜこの定食を選んだのか」といったように、自分の行動や心の動きなどについて「なぜだろう」と考えてみるだけでもいいのです。その積み重ねが、新たな情報に接したときに、どう頭を使うかの訓練になります。

土台としての「専門」を持つ

一般にいわれる「教養」のイメージは、絵画のことも音楽のこともわかるといったような「幅広い知識」でしょう。

しかし教養のベースとなるのは、何らかの専門領域についてある程度深く学んで得た知識をもとに、その領域で物事を深く考える経験にあると思われます。

たとえば大学で経済学を学べば、基本的な経済に関する知識が得られるだけでなく、経済学で使われるさまざまなモデルを使って思考する方法を身につけることができます。

このように何か一つの領域を学ぶことが、その知識や思考法をベースとして他の領域が「経済学的な考え方とどう違うか」を考えることにつながります。

その意味では「教養人はまず専門人でなくてはならない」といえるでしょう。とはいえ、教養を身につけるという観点では、大学院で研究者を目指すような高度な学びが求められるわけではありません。

大切なのは、自分の中に議論や思考の「軸」を持つことです。これは大学で学んだことでも、社会人として身につけた職務上の専門性でも構いません。自分はこんなふうに考える、こんなふうに議論を整理してきたという、自分なりの思考の「軸」を確認することこそが、みなさんの教養の土台なのです。

教養に必要なのは「ぶつかり合い」

「そんなことをいわれても、自分にはそんな『軸』と呼べるほどのしっかりとした考え方はない」と思う人も少なくないかもしれません。

しかし、実はそう感じる人のほとんどが、学校での学びや社会人としての経験等を通じ、かなりしっかりとした教養の土台を身につけています。ただ、それを「軸」として自覚的に整理できていないだけです。

ですから、みなさんにとって最も重要なことは、この持っているはずの「軸」をしっかり整理できるようにすることです。それは言い替えると、教養の土台を耕すことです。そして土台を耕すうえで有効なのは、先に触れたように「異なる考えや意見を持つ人と建設的に議論し、思考を発展させていくという行動原理を持つこと」なのです。異なる考えを持つ人と議論をすることによって、自分の考えや軸が再確認できると同時に、思考を発展させていくことができるからです。

ただし、建設的に議論して思考を発展させるためには、単に話せばよいというわけではありません。

「建設的な議論」をするためには、ただお互いの考えを主張し合うのではなく、自分とは異なる考えに相互に耳を傾けることから始めるのが大切です。

自分とまったく異なる意見に触れれば、「なぜこんなに考え方が違うのか」というショックを受けることもあります。しかし議論するには、自分が受けたショックについて言語化し、それを相手に伝えなければなりません。

また、相手が自分の考えに対して抱いた違和感や受けたショックについて、相手の言葉を聞くことも必要です。

当然、このような議論では、ぶつかり合いが生まれます。しかし、そのようなぶつかり合いがなければ、自分の考え方にどのような偏りがあるのかに気づくのは難しいでしょう。

「同じものを見たとき、まったく違う考え方をする他人」と議論することは、メタ認知（自分を客観視する力）を養うことにつながります。

自分の考えにとらわれることなく、思考を柔軟に発展させるために、このようなメタ認知がとても有効なのです。

「教養人」というと「本をたくさん読む人」といったイメージも強いように思いますが、本質的な教養において重要なのは、自分とは考え方が異なる人と建設的に議論できる力だということもできます。一人で本を読んでばかりいても、なかなか教養は身につかないのです。

議論では相手をリスペクトする

「議論でぶつかり合うことが必要」といっても、言い争いを推奨しているわけではないことに留意してください。「ぶつかり合い」という表現には、相手と競うこと、相手を打ち負かそうとすることはふくんでいません。

もし議論の際、あなたが相手に勝つことにこだわり、知識競争に走れば、それは教養とは真逆の態度となります。

議論をするうえで重要なのは、相手へのリスペクトです。

考え方の違いは、主に「それぞれが大事にしているもの」が異なることから生じます。自分にとって大切ではないものでも、相手が大切にしているものであれば、その価値観に対するリスペクトなしに建設的な議論はできないのです。

一つ具体的な例を紹介しましょう。

法学者と経済学者の間で感情的なすれ違いが起きたケースに、借地借家法《しゃくちしゃっかほう》についての議論があります。

ものを貸し借りする一般的な契約であれば、契約期間が満了すれば返す必要がありま す。また、賃料の支払いが滞った場合は契約不履行となり、やはり返す必要があります。

この点、借地借家法には賃借人《ちんしゃくにん》（借りている人）の権利が手厚く保護されているという特徴があります。契約期間が満了しても、原則として賃貸人《ちんたいにん》（貸している人）は契約更新を拒絶できません。簡単にいえば、賃貸人は賃借人に対して、よほどの事情がない限り「出て行ってください」とはいえないわけです。

このような法律になっているのは、「賃借人が簡単に追い出されて生活の基盤を失うようなことがあってはならない」「賃借人を法律によって保護すべきだ」という価値観によると考えられます。どちらかといえば、法学者の人たちは、借地借家法がこのような価値観に基づいて作られていることを反映して、この法律をポジティブに捉えていました。

しかし、貸している側からみると、この法律には、もう少し違った側面があることもわかってきます。それは、賃借人が自発的に出ていかない限り、賃貸人は自分の財産であるその不動産を自由に活用できないという面です。たとえ、「もっと高い賃料でもいいので借りたい」という人が現れても、諦《あきら》めるしかありません。新しいビルに建て直して資産を有効活用することもできません。

もちろん、たとえば数年の契約期間中であれば、そのような機会を諦めざるをえないのは当然でしょう。しかしそれが、賃借人が住み続けたいと思う間ずっと、となると影響は大きくなります。

結果として、そういう法律なら、そもそも部屋を貸すのをやめようという人も出てくるかもしれませんし、不動産の取引自体が活発でなくなってしまう可能性も出てきます。そのため、借地借家法は賃借人の権利が強すぎて経済活動にマイナスではないかとネガティブに評価する経済学者も少なくありませんでした。

このように、借地借家法を巡っては、法学者と経済学者とでは、それぞれの学問体系から導かれる結論が真逆に近かったこともあり、当初、両者の主張や価値観がぶつかり合うこととなりました。

しかし、よくよく考えてみると、両者の主張に歩み寄れない隔たりがあるわけではありません。

借りている人を保護しようと意図された法律でも、もしもそれで誰もアパートを貸す人がいなくなってしまえば、部屋を借りられない人が出てきてしまうので、結果として部屋を借りようとする人たちの不利益になってしまうでしょう。

逆にあまりにも借りている人が保護されなくなれば、誰もアパートを借りようとしなくなります。その場合には、アパートを貸す人にとっても、結果として大きなマイナスとなるでしょう。

つまり、借りる側と貸す側では、利害が対立する場面は少なくないのですが、まったく対立しているわけではなく、両者の利害がつながっている面もあるのです。実際、このような考えから「借りている側をどの程度まで保護すべきかについては、双方にとって重要な問題だ」という歩み寄りが可能になり「お互いの学問の見地からみて、保護の程度はどの程度であるべきなのか」という建設的な議論ができるようになってきました。

また現実にも、あらかじめきちんと契約で定めておけば、一定の契約期間に達したら契約が終了する「定期借地契約」「定期借家契約」というものが認められるようになりました。

いくら高い専門性を持った人が集っても、お互いが自分の意見に固執し、バランスを欠いた議論しかできなければ、よりよい課題の解決策にたどり着くのは困難です。

まったく異なる価値観を持つ人の立場でものを考える力、相手が何を大切にしているかを考える力、自分の意見に固執せずバランスを取る力があってこそ、建設的な議論が可能になります。これらの力がある人こそ、真の「教養人」と呼ぶのにふさわしいのではないでしょうか。

同質性の中にいては教養は身につかない

日本には、同質性が高いコミュニティを作り、「壁」を設けてその中に閉じこもりがちな傾向が見て取れます。

たとえば企業においても、従来「社風に合う」人材を新卒一括採用して定年まで雇用するというのは珍しいことではありませんでした。

終身雇用制度は崩れつつあるともいわれますが、高い同質性を持つメンバーによって構成された会社はまだ多いと考えられます。同質性が高い組織の中では、議論してもぶつかり合いは起きづらく、居心地の悪い思いをすることはあまりありません。

しかし異論が出づらい環境では新たな発想も生まれにくく、ビジネスが停滞することにもなりやすいでしょう。多くの企業がイノベーションを起こせず苦しんでいる背景にも、日本企業の同質性の高さという問題が横たわっている可能性があります。

学問分野でも、同様の問題があります。科学技術政策研究所が作成し、第44回科学技術・学術審議会で配布された資料（2013年）によると、学術研究においても日本では他国と比べて研究チームにおける専門分野の多様性が低い傾向がデータとして示されています。

　つまり、日本では異分野が共同して行われる研究が少ないということです。

同質性の高いコミュニティに属し、壁の内側で過ごすのは居心地がよいものです。

しかし同質性の中に埋もれ、異なる意見を持つ人とぶつかり合うこともない状態では、ほんとうの教養は身につきません。

　そのような環境を脱するには、自らの意識を変えることが必要です。同質性の高いコミュニティを抜け出し、自分とは異なるものの見方を持った人と建設的な議論をし、思考を柔軟にするのです。

　コミュニティを抜け出すのはハードルが高いと感じる人は少なくないでしょう。「異なるものの見方を持つ人と議論するといっても、相手をどうやって見つければいいのか」と戸惑うかもしれません。

　しかし、そのような議論は意識すれば身近な人とでも可能なはずなのです。同じ企業の中であっても、異なる意見を持つ人はいるでしょう。そのような人とはなるべく話をしないようにし、ぶつかり合うのを避けるというのが、コミュニティの中で居心地よく過ごすための処世術になってはいないでしょうか。

ぶつかり合いを避けることなく、議論するという姿勢を持てば、企業の中でも社会生活の中でも、否応なく議論に巻き込まれる機会はたくさんあります。

ほんの少しの違和感にもきちんと目を向けるよう意識すること、「空気を読んで同調する」態度をやめることで、ぶつかり合いは生じるはずです。

そのとき、前に示したように「こんなに考え方が違うのはなぜか」という発想で考える習慣を身につければ、教養に必要な思考力も身につきます。

頭を柔らかくする

先に、教養の土台となる知識が必要であること、大学での学びや社会での実務経験を通じて専門性を身につけ、それを「軸」とするのが重要であることを説明しました。

ここでいう軸はしっかりと打ち立てておく必要がありますが、一方で、軸の周辺は絶えずブラッシュアップし、変化させていくのが望ましいあり方ではないかと思います。自分の意見や価値観などを固定化させることは、思考することを放棄するのと同義です。さまざまな考え方に柔軟に接する中で、軸を保ちながら自分の意見や価値観を変容させていくことができるのが、教養であると考えます。

その際の態度、姿勢として意識しておきたいのは、「固執しない」「同調もしない」ということです。

自分と異なる意見に出合う機会は、実は日常生活のさまざまな場面で登場します。身近な例でいえば、「配偶者の実家の常識が、自分の常識とかけはなれている」といったことはめずらしくないでしょう。

そこで意固地になり、「自分の実家の常識のほうが正しい。相手の常識に合わせる気はない」という態度では、家族間ですれ違いが発生したときに状況を改善できる可能性は低くなってしまいます。

一方で、他者の意見を聞くたびにすぐ同調し、自分の意見をコロコロ変えるというのも望ましいとはいえません。しっかりとした軸を持っていなければ、思考をブラッシュアップしていくことはできないでしょう。

固執せず、同調もせずというのはバランスが求められますし、考えを柔軟に変容させていく中で、より本質的に重要な部分を摑《つか》んでいくことにつながるのではないかと思います。これこそ、再三説明してきた「土台を耕し、頭を柔らかくする」ことです。

このような頭の使い方をするには、マインドの問題も重要です。自分の専門知識を振りかざして「これは正しい」「これは間違っている」と決めつけることなく、思考をオープンにできることこそ教養であると思います。

日本とイギリスの試験問題はこんなに違う

教養について考えるうえでは、「教養＝知識量」とみなしがちな理由として、日本の教育のあり方についても指摘しておく必要があります。

日本の教育が知識偏重であるという問題は、長きに渡って指摘されてきました。

たとえば日本で放射線について勉強する場合、試験では「ラジウムの半減期は1600年です。今、1グラムのラジウムが0・25グラムになるには何年かかりますか」といった問題が出題されます。

この問題文を見て違和感を持つ人は少ないでしょう。みなさんも、「試験というのはこういうものだろう」と思うのではないでしょうか。

しかしイギリスでは、理系に進学しない一般層が学ぶ物理の試験において、次のような問題が出題されています。

「あなたがロンドンからシドニーまで行く間に浴びる放射線量はどれくらいですか」

この2つの試験問題の間には、大きな違いがあります。

ラジウムの半減期は、いくら計算できても一般の人にとっては他人事《ひとごと》です。人生において小ネタのような知識にはなっても、具体的に役立つ場面はほぼないでしょう。
一方、「あなたが浴びる放射線量は？」という設問は、自分の健康を守るために知っておくべき「眼前の問題」なのです。

この放射線に関する設問はあくまで一例です。日本の教育では、実際の生活に応用できる問題がなかなか取り上げられない傾向があります。大学入試が、その傾向に拍車をかけている面もあるでしょう。

経済協力開発機構（ＯＥＣＤ）は２０００年に世界各国・地域の15歳を対象とした国際学習到達度調査（ＰＩＳＡ）をスタートし、３年おきに実施しています。
平均得点でみた日本の国際順位は、２００６年調査では科学的応用力がＯＥＣＤ加盟30か国中３位、数学的応用力が同６位で、相対的に高いとはいえるものの、世界の最上位にいるとはいえない状況でした。読解力は同12位でＯＥＣＤ平均並みの得点にとどまり、２０００年や２００３年に比べて日本の学力後退が指摘されました。

直近の2015年調査では科学的応用力は全参加72か国中2位、数学的応用力は同5位となる半面、読解力は同8位にとどまっており、2012年調査と比較しても平均得点の低下が見られています。

このような結果になっているのは、PISAが知識量ではなく「生活の中で応用する力」を問う問題に移行する中、日本の教育がそれに対応しきれていないことも一因ではないかと思います。

近年は、新たな学習指導要領において「主体的・対話的で深い学び」の必要性が示され、総合学習なども取り入れられ始めています。

しかしそのような教育を受けてこなかった層が指導に当たらざるをえないことも考えれば、知識偏重から脱した教育の浸透には今しばらくの時間がかかるかもしれません。

答えのない問いを重視するフランス、「正解」を求める日本

教育の違いという点について、もう一つ例を挙げておきたいと思います。

フランスでは、大学入学資格を得るためにはバカロレアという選抜試験を受ける必要

があります。

バカロレア試験の「哲学」では、たとえば「理性と情熱は共存するか」といった抽象的な問いに対して論述する問題が出題されるため、フランスの学生はバカロレア対策として、こうした問題にどう答えるかを学ぶことになります。当然、バカロレア哲学の問題集や参考書のようなものもあります。

バカロレアの哲学で出題される問いは、言葉の一つひとつの意味を吟味しなければ、イエス・ノーで答えることができません。そして、厳密に考えれば、大半の答えはそのいずれとも言い難い「第三の立場」にならざるをえません。

このような問いに答えるために、バカロレア哲学の参考書は何を示唆しているのでしょうか。

参考書に書かれているのは、「問いを分析する」「言葉の一つひとつの意味を吟味する」「問いを分類する」「論を組み立てる」といった考え方です。

つまり、「そもそも『理性』とは何か」「『情熱』とは何か」「『共存する』とはどういうことか」、自分なりの定義を考え、高校の哲学などで学んだ関連知識を列挙しながら、その問いが何をテーマにしているのかを分析したうえで自分の論をまとめることになります。

フランスの学生は、こうした方法でさまざまな問題について考え、論述することを積み重ねながら学習しているのです。

何を学習しているのかといえば、それは「思考の枠組み」です。答えの出ない抽象的な問題に対してどうアプローチするかを学んでいるといってもいいでしょう。

日本で思考習慣が身につかない理由

フランスのバカロレアの例からいえることがあります。

日本の教育が知識偏重で、「思考の枠組み」を学ぶ機会が少なく、それゆえに問題解決のための思考習慣が身につきづらい面があるのではないかということです。

ごく簡単な例を挙げましょう。たとえば今、「りんごとバナナを比べなさい」といわれたら、みなさんはどう答えるでしょうか。

「りんごは赤くてバナナは黄色い」

「りんごは丸くてバナナは長い」

「りんごは北、バナナは南のほうで採れる」

いろいろな答えが考えられますが、ここで考えたいのは「どのような枠組みで思考するか」です。

ものを比較する場合の思考の枠組みは、まず同質性を確認し、次に何を物差しにして比較するのかを決め、その物差しのもとで差を取るというのがベーシックな方法です。これを知っていれば「りんごとバナナの違い」ばかりに目を向けるのではなく、「りんごとバナナはどこが同じか」にも気づくことができますし、「何を物差しにするか決める」という頭の使い方を知っていれば、思いつきではなく、より網羅的な比較も可能になるでしょう。

バカロレアの参考書が教える、「言葉の意味を吟味して問いを分析し、問いを分類し、自分の論を組み立てなさい」というのも「思考の枠組み」の一つです。

このような枠組みを学んでいるのといないのとでは、思考や議論の深め方に違いが出てくるでしょう。

みなさんはここで、抽象的な問いに対する思考の枠組みについて学ぶきっかけを手にしています。このようなきっかけを逃さず、何かを考えるときは「どのような思考の枠組みで考えるか」を意識する必要があります。

しかし、思考の枠組みというのは、ある意味では「技術」にすぎません。より重要なポイントは別のところにあります。それは、バカロレアでは「問いに対する答えに『正解』がない」ことが前提として共有されていることです。

日本の大学入試でも、論述式で回答する問題があります。受験で小論文に取り組んだ人なら、バカロレアの種本と似たテクニックを勉強したことがあるかもしれません。「思考の枠組み」となる頭の使い方は、日本では重視されているとまではいえないものの、全く教えられていないというわけではありません。

しかし、日本の学生が小論文に取り組む姿勢と、フランスでバカロレアの勉強をする学生の間には、スタンスに大きな違いがあるように思います。それは、日本では「模範解答にできるだけ近い小論文を書くこと」を目指す意識が強いのではないかということです。

もしみなさんが「思考の枠組み」を学び、思考習慣を深めても、つねに「正解探し」をするスタンスから脱することができなければ、知識を動員し、他者と議論しながら社会課題の解決を目指すという「教養」はおそらく身につかないでしょう。

教養とは、正解のない問いについて考え、「ただ一つの正解」探しをするのではなく、他者と知恵を集結しながらよりよい解、つまり思考の枠組みを駆使した新たな物差しを模索し続けることだともいえるからです。

「正解探し」の癖を自覚する

あえて強くいえば、「正解がないことに気づく」ことは、特に日本において非常に重要です。

筆者（柳川）は、元プロサッカー選手で東京大学サッカー部コーチの岩政大樹《いわまさだいき》氏から興味深い話を聞いたことがあります。それは、日本のサッカー選手はコーチの指示に非常に従順だということです。

海外の場合、たとえばイングランドでも南米でも、コーチは「選手がそれぞれ勝手なことをしないよう、規律を植えつけ、コーチが考える方向に持っていくこと」が仕事だといいます。

しかし日本の場合、いわゆる「体育会系」の世界で育ってきた選手はコーチのいうことを絶対視しがちで、なかなか自分の頭で考えようとしないのだそうです。

そのため日本のサッカーでは、コーチは選手に「自分で考えろ、アイデアを出せ」というのが仕事になるわけです。

ここまでは、よく聞く話です。問題の本質は、さらに深いところにあります。

コーチが日本の選手に対して「自分で考えろ」と指導したとき、選手が何を考えるのかというと、「コーチは何をやってほしいと考えているのか」を考える、というのです。つまり「コーチの頭の中にあるはずの正解」を探し、選手は一生懸命に「考える」わけです。

いくら「考えている」といっても、その頭の使い方は本当に求められているものとはずいぶん違ってしまっているといえます。

ここで要求されている「自分で考える」というのは、自分でイマジネーションを得て、自分でどう動くかを組み立て、コーチが想像していなかったようなことにチャレンジすることでしょう。

同様の事象はさまざまな場面で見られます。

東京大学では、学部3、4年生向けの後期教養教育科目の中で、専攻が異なる学生が集まって答えのない問いに対して議論する「ワーク」を行っています。議論のテーマは、たとえば「代理母出産は許されるか」「自由と公共性は両立するか」といったものです。

これらの問いには「正解」がありませんから、もちろん授業の中で「正解」にたどり着くことを求めているわけではありません。

しかし実際に議論を始めると、学生たちは最初は「教師が何を正解だと思っているか」、あるいは「この場の空気としてどの方向で考えるのが正解か」を気にしていることがわかります。

「場の空気に合わせる」「マジョリティーを正解とする」というのは、日本で議論が行われる際によく見られる現象です。

この本で繰り返し述べている「教養」とは、正解のない問いに対し、意見の異なる他者との議論などさまざまなものを総動員しながら、思考を柔軟にし、かつ他に流されることなく「自分がよりよいと考える答え」にたどり着くことです。

「マジョリティーが正解と考えるもの」「指導者やリーダーが正解と考えるもの」を探そうとするのは、教養とは真逆のスタンスといえます。

この点、日本では「自分たちには正解を探そうとするバイアスがある」ということに自覚的になること、他者に「正解探し」を押しつけないようにすることが重要でしょう。

一つ言い添えれば、「教養とは何か」という問いに対しても「正解」はありません。

教養とは何なのかという問題については、この本の見方も参考にしていただき、みなさん自身が考えて自分の答えにたどり着く必要があるのです。

教養がないことの怖さ

本章では、この本で考える「教養」の本質について説明してきました。「教養＝知識量」というイメージから離れた今、みなさんに読んでいただきたいものがあります。２０１８年７月10日の日本経済新聞朝刊に掲載された、「オウム事件の残像」というタイトルの記事中、日本文学研究者のロバート・キャンベル氏のコメントです。

私が１９８５年に日本で生活を始めたのとオウム真理教が活動を開始した時期は重なる。テレビ番組に出たり空中浮遊を演じたりするなど、商業的で思想的に底が浅いと感じていたが、多くの人と同じように教団の抱える闇の部分は見えていなかった。

高学歴の若者たちはなぜカルト教団に入信したのか。バブルで加速した消費社会の中、専門知識はあるが教養を欠いた若者たちが周囲に共感できる人を見いだせず、孤独を募らせていたことが背景にあったのだろう。

90年代以降、医学を生命倫理の観点から考えるなど、一つの分野を多角的に捉える学際的な教育が広がった。他者の立場を想像できる「共感力」を身につけさせる重要性は認識されてきたが、まだ道半ばであり、努力を続ける必要がある。


オウム真理教事件では、医学や物理、化学などの高度な専門知識を持った若者たちが入信し、事件に関与しました。当時、報道された彼らの経歴を見て、「なぜこれほど優秀な人たちが犯罪に走ったのか」と驚いた人は多かったでしょう。

なぜ彼らが道を過《あやま》ったのかという疑問に対する答えの一部は、キャンベル氏のコメントにある「専門知識はあるが教養を欠いた若者たち」という表現によって示されていると思います。

他者の立場を想像できる「共感力」、つまりほんとうの意味での教養を身につけることの重要性を、私たちは改めて心に刻むべきでしょう。

そして、他者の立場を想像できる共感力は、本章で述べてきたとおり、思考習慣や土台としての専門を持ち、その土台を耕して頭を柔らかくすることによって培われるものであり、議論でのぶつかり合いを通して相手が何を大事にしているかを考え、異質なものとの差異を認めることによって身につくものなのです。

第2章 東大で教えている教養

東大ではリベラルアーツを学ぶ

東京大学では、今からおよそ70年前に教養学部を創設しました。現在、国立大学で教養学部を持っている唯一の大学です。また、東京大学憲章には、「東京大学は、学部教育において、幅広いリベラル・アーツ教育を基礎とし、多様な専門教育と有機的に結合する柔軟なシステムを実現し、かつ、その弛まぬ改善に努める」という文章があります。

本章では、東京大学が学生に何を教えようとしているのか、近年行われた改革の目的、実際の授業の様子などを紹介しながら、「教養」についての思考をみなさんと一緒に深めていければと思います。

まず、東京大学の学部教育（大学1～4年生の教育）について、全体のしくみを押さえておきましょう。

学部教育には前期課程（1～2年生）と後期課程（3～4年生）があります。前期課程では、学生は文科一類、文科二類、文科三類、理科一類、理科二類、理科三類という

6つの科類のいずれかに属して文系、理系それぞれの科目を履修する一方で、「教養学部前期課程」で幅広いリベラルアーツ教育を受けます。

大学の最初の2年間でさまざまな学問分野に接し、自分の関心や適性を見極めたうえで、3年生からの後期課程で進学する学部（法学部、経済学部、文学部、教育学部、教養学部後期課程、工学部、理学部、薬学部、農学部、医学部）・学科を選択するわけです。

このようなしくみになっているのは、東京大学が教養教育を重視することを基本理念としているからです。

自分で考え、アウトプットすることを重視

教養学部では一貫して教養教育の充実を図ってきており、近年では2015年度から、全学的な「総合的教育改革」の一環としてさまざまな教養教育改革に取り組んでいます。

改革のポイントはいくつかありますが、前期教養課程については「情報や知識を上手に活用する力」をつけることを目指し、アクティブラーニング（参加型の授業）を増や

したところが特筆すべき点です。

この改革以前は、理系の学生の場合、1日5コマ×週5日間、1週間に最大25コマの授業がありました。平均的には、学生は1日4コマ、週20コマほどの授業をとっていたのではないかと思います。

1日4コマも授業を受ければ、学生はヘトヘトになるはずです。授業に出るだけでいっぱいいっぱいで、大学の外で自ら学ぶ時間はとれていなかったでしょう。

また、大教室で受け身で授業を聞くだけでは、教養を身につけるのは難しいという課題意識もありました。

重要なのは、眼前の問題を他人事ではなく自分ごととして捉え、思考し、考えたことをアウトプットするという過程を経ることです。つまり前章で触れた「思考習慣」を身につけながら、「土台作り」をすることが必要だと考えたわけです。

そこで前期教養教育の改革では、1コマあたりの授業時間を延ばして、学生がアクティブに参加できるようにしました。

一方で取るべき授業のコマ数は減らし、1日2〜3コマ程度とればよいことにしました。時間に余裕ができた分は、自宅学習にあててもらおうという狙いです。

アクティブラーニングには、たとえば理系の場合、「CD－ROMの溝がどれくらいの間隔で入っているのか調べる」といったテーマに少人数で取り組む「初年次ゼミ」があります。

「どうすれば溝の間隔を調べられるか」といったところから学生が話し合いながら一緒に考えるなど、主体的に参加することが求められます。

総合的教育改革以前は、文系にのみ「基礎演習」という形でこのような授業が開講されていました。改革後は理系もふくめて全学生必修です。入学直後の4月から7月に開講され、1クラスは約20名です。文系は約70クラス、理系は90から100クラスあります。クラスの選択は、12から15程度の授業よりシラバス（講義概要）をもとに学生が第4希望まで登録し、抽選処理しています。各授業に授業をサポートする大学院学生

(Teaching Assistant) がつきます。

このほか英語の授業についても、少人数でアクティブに行えるようなものを多く用意しています。英語による議論を行うスピーキングのクラスや、英語で論文を書く力を養うクラスが理系、文系それぞれに用意されています。

論文を書く力を養う理系のクラスはALESS (Active Learning of English for Science Students) といい、オリジナルな科学実験を考案して実施し、科学論文の執筆のしかたを学び、口頭発表の練習をします。文系のクラスはALESA (Active Learning of English for Students of the Arts) といい、あるテーマについての議論、論述文としての学術論文の執筆、口頭発表の練習を行います。どちらもネイティブ・スピーカー教員が担当します。

これらの教育と第1章で述べたリベラルアーツの定義を関係づけて整理してみましょう。

第1章でも述べたように、リベラルアーツとは、「人間が奴隷ではなく独立した自由な人格であるために身につけるべき学芸」です。東大憲章でもこの概念を用いています。

その自由の意味を奴隷制からの自由といった身分制の文脈で捉えるのではなく、現代的自由の意味で捉えたのだと考えられます。

現代の人間は自由であると思われていますが、実はさまざまな制約があります。気づかないところでさまざまな制約を受けている思考や判断を解放させること、人間を種々の拘束や制約から解き放って自由にするための知識や技芸がリベラルアーツです。

それでは、リベラルアーツの理念に基づく教養教育では、どのような制約から自由になることを目指しているのでしょうか。少なくとも4つのことが考えられます。すなわち「知識の制約からの自由」「経験の制約からの自由」「学習態度の制約からの自由」「領域の制約からの自由」です。1、2年生用の前期教養教育では、これら4つのうち、最初の3つに焦点をあてた設計がなされています。

まず「知識の制約からの自由」というのは、高等学校までの学科目（数学・国語・英語など）の枠にとどまらず、さまざまな領域に広がる学問の世界を自由に習得することを指します。専門課程に進学するための基礎科目に加え、主題科目、総合科目、展開科目などで構成されます。

次に「経験の制約からの自由」については、高等学校までの主に日本国内、そして高校近隣での学習活動の制限を越えて、さまざまな実地での経験を積むプログラムを意味します。具体的には、各種国際研修、体験活動プログラム、FLYプログラム（入学直後の学部学生が、自ら申請して1年間の特別休学期間を取得したうえでボランティア活動や就業体験活動、国際交流活動などを行う）などを用意しています。

さらに「学習態度の制約からの自由」については、高等学校まで主に授業を一方向的に授けられてきた形式に対し、アクティブラーニングに照準をあてたものを指します。これが先ほど述べた初年次ゼミやALESS/ALESAプログラムなどにあたります。

それでは4つめの「領域の制約からの自由」は何を指すのでしょうか。それは次項で述べる3、4年生用の後期教養教育を指します。

3、4年生のための「後期教養教育科目」も開設

総合教育改革のもう一つの大きなポイントは、学部3～4年生のための「後期教養教育」を設けたことです。

後期課程に進むタイミングで学生は自分の専門を決め、3年生からはより高度な専門教育を受けることになります。将来的には、その選択した分野において専門家として生きていく、あるいは東大でその専門分野を学んだ卒業生として社会に出ていくことになるわけです。

自分の専門を持つというのは、前章で説明した「軸」を持つということにほかなりません。学生が自分が拠《よ》って立つ軸を決めてこそ、自分の専門の壁を越え、異分野の人と議論し、思考を柔軟にすることの意義がよりはっきりと見えてくるはずです。

そこで、そのようなタイミングで学ぶべき教養として新たに「後期教養教育」を設計したわけです。

もう少し、後期教養教育について説明しましょう。これは、ある程度専門教育を受けたあとでこそ、初めて意味を持つ教養教育です。

自分の専門が今の社会でどのような位置づけにあり、どういう意味があり、ほかの分野とどう連携できるかなどを学ぶことが目的です。

自分とは異なる分野を専門とし、異なる価値観を持つ他者と出会うことによって、自らを相対化する力を養う。それには、古典を読む、詩に触れる、別分野の最先端の研究に触れる、比較をしてみるなど、さまざまな形がありえます。

このようなリベラルアーツは、ただ多くの知識を所有しているという静的なものではありません。

また専門分野の枠をただ越えるだけではなく、各分野間を「往復」する必要があります。さまざまな境界（専門分野の境界、言語の境界、国籍の境界、所属の境界）を越え、さらに複数の領域や文化を行き来する、よりダイナミックな思考が必要となります。


ここでいう「往復」には2種類の意味があります。

一つは、異なるコミュニティ間の往復という意味です。

たとえば他学部聴講では、出講学部のバックグラウンドを持つ学生の中に、他学部のバックグラウンドを持つ少数の学生、つまりアウェイの学生が入ります。

アウェイの学生にとっては、ホームの学部とアウェイの学部の往復により、自らの専門性を相対化する機会が与えられることになります。

2つめの意味は、学問の世界と現実の課題との間の往復、あるいは専門的知性と市民的知性との間の往復の意味です。後者は文系理系を問わず、学問に従事する者の社会的リテラシー、すなわち自らの研究成果が社会の中にどう埋め込まれ、展開されていくのか想像できる能力にあたります。これは研究倫理を支える基盤ともなります。

自分とは異なる専門や価値観を持つ他者と対話しながら、他分野や異文化に関心を持ち、他者に関心を持ち、自らの中の多元性に気づいて、自分の価値観を柔軟に組み換えていく。そのような開かれた人格を涵養《かんよう》するリベラルアーツ教育を後期課程の中で展開しています。

2017年度は、10学部（法学部、医学部、工学部、文学部、理学部、農学部、経済学部、教養学部後期課程、教育学部、薬学部）から197科目、2018年度は226科目が後期教養教育科目として出講されています。

たとえば法学部からは「日本政治思想史」「法社会学」などの科目、医学部からは「社会と健康」「心の健康科学」などの科目、工学部からは「先端技術と社会」「エネルギーと社会」などの科目、文学部からは「死生学」「倫理学概論」などの科目が出講されています。

東大の授業「異分野交流・多分野協力論」とは

より具体的に知っていただくために、後期教養教育科目の一つである「異分野交流・多分野協力論」という科目を紹介します。

この授業では、心理学、法学、経済学といったように、さまざまな専門を持つ学生同士が同じ問題について議論することを重視しています。

異なるバックグラウンドを持つ学生同士が議論すると、ぶつかり合いが生じ、「同じ問題に対してまったく異なる見方をする人がいる」ことが実感できるからです。

たとえば「コピペは不正か」というテーマについて議論する中で、「学問における不正とは何か」という問題を学生同士が話し合ったケースがあります。

　このとき、心理学を専攻する学生からは、「実験者が望むような行動を被験者にさせてしまう」「観察者が観察対象に影響を与える」ことが問題になるという考えが示されました。

　心理学における実験では、このようなことは避けるべきだとされているわけです。

　一方、法学部の学生からはこれに関連して、刑事事件における「おとり捜査」の話が出ました。

　おとり捜査では、麻薬の売人に「売ってください」と働きかけるのは違法ですが、売人から「麻薬を買いませんか」と誘いがあった場合、自分が警察官であるのを明かさず、証拠を摑むまで売人と関係を持ち続けることは認められています。

　このように、「相手に関与し、望む行動をさせる」ことの是非一つとっても、考え方には大きな違いがあるわけです。

　後期教養教育で自分とはまったく違う「軸」を持つ人に会った学生は、「そんなふうに考える人がいるの？」という驚きや戸惑いを感じることが多いといえます。それは、自分が専門教育を受けているときは、周囲の人たちが同じような「軸」を持っている中で議論しているからです。

しかし、異なる専門を持つ人と議論すると、「自分たちにとって当たり前だと思えることが、まったく当たり前ではなかった」ことに否応なく気づくことになります。そのような経験を通じて、メタ認知を作り、分野を横断して建設的な議論を行う力、思考を発展させていく力を養うことを目指しています。

このような教養教育は、専門的な学びをある程度深め、ベースとなる思考習慣を持ったうえで実施することに意義があります。

後期課程だからこそ学べる教養があり、その教養は学生が卒業した後、複雑化する社会の課題解決に取り組むときに強く求められるものなのです。

原発事故で露呈した「日本の無教養」

東京大学が新たに後期教養教育科目を設けるにあたって、議論を開始したのは２０１３年のことです。筆者（藤垣）は座長として議論をとりまとめる役割を担っていました。その中で筆者の頭にあったのは、原発事故によって露呈した「日本の教養のなさ」です。

東日本大震災の際に福島第一原子力発電所で起きた事故に関しては、複数の海外の研究者から「科学技術立国をうたっていた日本で、なぜあのような事故が起きたのか」という問いを突きつけられました。

福島第一原発は１９６０年代に設計されたもので、営業運転を開始したのは１９７１年です。事故が起きるまでには40年の時間が過ぎていました。

この間、地震や津波に関する研究が進む中、１９９０～２０００年代を通じて研究者はその危険性を繰り返し指摘していましたし、津波が起きて冷却装置の電源が落ちたときに何が起こるのかについてもシミュレーションが行われていました。

しかし、こうした研究の成果が生かされることはなく、あの重大な事故が起きてしまったのです。

この背景には、日本では地震、津波、原子力などの各分野では最先端の研究が行われていたにもかかわらず、分野をまたいだ連携ができておらず、最先端の研究の間をつなぐ「知の回路」がないという問題があったのです。多様な「知の回路」には、研究者間の協力に加えて、研究者と行政の間の知の結集もふくまれます。

この点については、日本の科学者の代表機関である日本学術会議の中でも反省がありました。いくらそれぞれの分野でトップクラスの研究を行っていても、その間をつなぐ知の回路を持ち、それを行政に生かし、国や国土を守ることができないのであれば、それは何のためにある学問なのかという反省です。

もう一つ、原発事故後に福島県が実施している県民健康調査に関して提起された問題もありました。

県民健康調査は、福島県が福島県立医科大学へ委託して実施しているものです。「放射性物質の拡散や避難等を踏まえ、県民の被ばく線量の評価を行うとともに、県民の健康状態を把握し、疾病の予防、早期発見、早期治療につなげ、将来にわたる県民の健康の維持、増進を図ること」を目的としています（http://fukushima-mimamori.jp/outline/）。

この調査は2011年に開始されましたが、2013年、調査への住民からの不信感の高まりを受け、県民健康調査検討委員会の体制が変わるなど混乱がありました。

それまでの間に、長崎やチェルノブイリで被ばく者医療に長く関わってきた医師が、住民の不安を取り除く意図で原爆と原発事故を比較するような発言をしたことなどが、住民から強い反発を招くといった問題も起きていました。

筆者（藤垣）にIAEA（国際原子力機関）から連絡が入ったのは、ちょうどその頃のことです。

IAEAでは、福島において医師と住民のコミュニケーションに問題が起きていると考え、その解決のために関係者をウィーンに集めて会合を開こうとしていました。そこで呼ばれたのが、福島県立医科大学、長崎大学、広島大学の医師、放射線医学総合研究所の研究者、そして筆者でした。

筆者が専門とする科学技術社会論が、専門の異なる人同士で議論するためのプラットフォーム作りをテーマにしていることから、議論への参加を求められたのです。

IAEAでこの問題を担当していたチェム応用健康部長は、ウィーンに集まった日本人医師たちと面識があり、彼らが熱意を持って原発事故後の医療に取り組んでいることを理解していました。だからこそ、なぜ住民との間に溝が生じてしまったのかを深く考察していました。

そのうえで、部長は筆者に「これはもしかしたら医学教育に問題があるかもしれませんね」と言いました。

「原子力発電所の事故を招いたのは、原子力技術とそれを支える電力会社と政府であって、原子力をめぐる社会史には日本固有のものがあります。そういうフレームの中で、市民は医者と向き合います。ところが医者は、医学のフレームでしかものをいえていない。市民が何を抱えているのか、医学のフレームのみで見るのは限界があります。今の医学のフレームを相対化して、市民に応《こた》えなければなりません。そういうことができないのは、医学教育に問題があるからですよ」

その部長はカンボジア出身で、政変から逃れてフランスに渡り、フランスで医学を学んだという経歴を持つ医師でした。

彼は一例として、フランスの医学教育では医学だけでなくミシェル・フーコーの思想についても学ぶのだと話してくれました。

ミシェル・フーコーは、権力というものがどのように発生するか、あるいはどのように日常生活に埋めこまれているかを深く考察した哲学者です。フランスで医学を学ぶ学生がフーコーの思想を学ぶ理由は、おそらく、医師というある意味で権力を持つ立場を相対化し、ときにはその権力を壊す必要があると認識することにあるのではないかと思います。

そしてそのような学びが、医師に自らの持つ権力を自覚させるのを助け、患者が置かれている状況への想像力を持たせることになるのです。

彼の話は、「そのような取り組みを日本では行っているのか」という問いかけだと感じました。

一般に日本では、医師になるためには医学を学べばよいと考えられています。しかし福島で原発事故が起きた後、医師が医学教育で学んだ知識のみをもって住民と接していることにおいて、住民が置かれている状況や心情に対して医師の想像力が及ばないことが露呈しました。「医学的には問題ない」「原爆と比べれば被ばく量はごく低い」といったような言葉を安易に発して不安を増幅し、医師と住民の間に信頼関係を築くことに失敗してしまった面もあったわけです。

原発事故後の福島で起きたことは、患者が抱える背景、患者が置かれている文脈を理解する力を鍛えられる医学教育の必要性を教えてくれたのではないかと思います。

日本は分野間のコミュニケーションができていない

原発事故が起きた背景に対する科学者としての反省、そしてIAEAの会合での議論を通じ、筆者は東京大学が担うべき教養教育について考え、後期課程で教養を学ぶことの重要性を強く感じるようになりました。

「長年〈科学技術立国〉をうたってきた日本が、なぜあのような事故を起こしてしまったのか」

「事故後に医師と地域住民の間でコミュニケーションに問題が生じたのはなぜか」

これらの疑問に答えるなら、「分野」と「分野」の間のコミュニケーションが下手であること、研究者と行政の間のコミュニケーションもふくめて多様な知の結集が苦手であることが大きな原因でしょう。

日本の専門教育は、各分野におけるトップクラスの研究を行う実力ある研究者たちを養成することには成功を収めました。しかし「分野の垣根を越えて往復する力」「他分野と協力する力」の育成には成功していない傾向があるのです。

これら専門教育の欠陥を補うことを目指して設計されたのが、現在の東京大学の後期教養教育です。

後期教養教育では、自分のやっている学問が社会でどのような意味を持つかを考え、それを専門の異なる人にどう伝えるかを学び、そして具体的な問題に対処するときに他の分野の人とどう協力するかを鍛える教育を行っています。

こうした「専門を学んだ後の教養教育」の重要性については認識が徐々に広がっており、東京大学では２０１９年度から大学院でも教養教育科目が３１２科目開講され、受講できるようになりました。

知識をどう結びつけるか

原発事故は日本社会に大きな課題を突きつけましたが、これに限らず、現代社会には一つの専門分野の知識だけでは対処できない問題が山積しています。分野を越えた知識の連携が必要とされる場面において、相互につながり合う力を持つことが求められているのです。

「従来の知識や技術だけでは解決できない問題が増えている」とはよく言われていることであり、多くの人が認識しているでしょう。

しかし、そのような問題を認識したときには、「より幅広い情報を得て、新たな課題に立ち向かわなければ」と考える人が多いのではないかと思います。

新たな知識を身につけたとして、たまたま「新たな課題」がその知識によってきれいに解決できるものであればラッキーですが、多くの場合、バラバラに身につけた知識は武器にはなりません。

「物知り」になることと、課題解決力を身につけることとは根本的に目指す方向が異なるのです。

先に、フランスの医学教育では医学だけでなく、ミシェル・フーコーの思想についても学ぶことに触れましたが、この「フーコーを学ぶ」意味についても考えなければなりません。

日本でも、高校や大学で倫理や哲学を学んだという人はたくさんいるでしょう。みなさんの中に、フーコーを読んだことがあるという人もいるかもしれません。

しかし、もし「フーコーはこんなことをいっている」ということを言葉の上でのみ理解し、それを知識として頭に留めたとしても、それが人生において何らかの問題解決に寄与したり、あるいは発想の種につながったりすることがなければ、それは本質的な意味でフーコーを学んだことにはならないでしょう。

まして、日本の教育で長く行われてきたように、哲学者の名前や著作名、有名なフレーズを覚えるといった勉強にはほとんど意味を見出せませんし、それを引き合いに出して気の利いたコメントをすることが教養だとはいえません。

問題は「フーコーを読んだことがあるかどうか」ではありません。

フーコーを学ぶのであれば、それをいかに理解し吸収するか、自らが人生の課題に直面したときに、その理解がどう助けになるかが重要であるはずです。

つまり、フーコーが指摘した権力に関する洞察を、自らの持つ権力や、自分の目の前にある権力に対して応用し、考えることです。

知識をいかに増やすかではなく、知識をいかに有機的に結びつけるか――その力こそ、現代社会で求められている「教養」なのです。

建設的な議論をいかに行うか

後期教養教育科目の一つである「異分野交流・多分野協力論」の授業では、先にも触れたように「答えのない問い」に対してさまざまな学部の学生が一緒に議論します。

実際に取り組んだテーマには、たとえば先に触れた「コピペは不正か」という問いのほか、「グローバル人材は本当に必要か」「芸術作品に客観的価値はあるか」「代理出産は許されるか」「飢えた子どもを前に文学は役に立つか」「国民はすべてを知る権利があるか」「絶対に人を殺してはいけないか」といった問いがあります。

こうした問いについて建設的な議論を行うためには、求められる思考法やスタンスがあります。具体的にどのような指導を行っているか、その一部を紹介したいと思います。

バカロレア哲学について紹介した際に触れたように、抽象的で「答えのない問い」は、言葉の一つひとつを吟味しないと簡単にイエスかノーかを答えることはできません。そして厳密に考えれば、大半の答えは、イエスともノーとも断言できない第三の立場に至らざるをえません。

このような問いに対しては、まずバカロレア哲学の参考書のように「問いを分析する」「言葉の一つひとつを吟味する」「問いを分類する」「論を組み立てる」というステップを踏んで思考を深めます。

たとえば「グローバル人材は本当に必要か」というテーマについては、そもそも「グローバル」「人材」という言葉が何を意味するのかということから学生たちが議論しました。

少し考えてみれば気づくことですが、「グローバル人材」という言葉が何を意味するのかは自明ではありません。その意味を吟味することが、議論の前提となります。

異分野交流・多分野協力論の授業では、さらにバカロレア哲学の参考書よりも一歩進んだ議論も要求しています。

現実に「答えのない問い」に向かうときは、イエスかノーかの二者択一を迫られる局面がしばしばあります。そしてそのような局面では、異分野の人と協力し、組織として、あるいは国際機関や国として、何らかの結論を出さざるをえません。

このため、問いの分析や論の組み立てという基礎的な作業を行ったのち、「立場を支える根拠を明らかにする」「前提を問う」「立場を入れ替えてみる」「複数の立場の往復」といった作業を行う必要があります。

「立場を支える根拠を明らかにする」というのは、自分が論を組み立てた背景を示すことです。結論だけでなく「なぜそのようにいうのか」を伝えられるようにします。

「前提を問う」というのは、相手や自分の論について、「なぜこの人はこんなふうにいうのか」「なぜ自分はこのように考えるのか」など、その前提となっている考え方を確認します。

「立場を入れ替える」というのは、「自分が相手の立場に立ったとしたら、自分はどう思うか」を考えてみることです。

「複数の立場を往復」するというのは、異なる考えを持つ人たちそれぞれの立場に立ってみて自分がどう思うかを考え、そのうえで「他の人の立場に立ったあとの自分はどう思うのか」を改めて考えます。

授業ではこの4つの作業を具体的に演習するために、たとえば「代理出産を依頼する人」と「依頼される人」というように役割を決めてロールプレイをし、さらに役割を入れ替えながら議論を深めていきました。

具体的には、第1ラウンドとして、6つの配役(依頼者、代理母、担当医、斡旋《あっせん》業者、子の人権擁護《ようご》者、政府の高官)のうちどれか一つを当日学生に割り当て、5分の作戦会議ののち、3分間で割り当てられた役を演じてもらいました。

次に第2ラウンドでは、ほかの学生が演じた役から自分の役への批判を受けて、それに対する反論を演じてもらいました。

最後に第3ラウンドで、自分が演じてきた役を批判するということを行いました。

学生からは、「ロールプレイは小学生でもできる子どもだましのようなものだと当初は思っていたが、実際に行ってみると自身の役割・視点を固定したり入れ替えたりすることで異なる立場の人々の意見をより現実的に捉えられ、議論の発展に大いに役立った」という感想を得ています。

自分の立場とは異なるものを演じることによって、相手のロジックがわかり、それを「自分ごと化」することができるのです。

このような思考法は、さまざまな場面で取り入れることができます。

意見のぶつかり合いが生じたときは、「どうしてこの人は反対だといっているのか」「反対だといっている背景は何か」「自分がこの人の立場に立ったら、どう考えるか」といったことに思いをめぐらせ、そのうえで自分の考えを客観的に見直してみるのです。

何を大切にしているのか、価値観は人によりさまざまです。

たとえば原発問題では、「環境を守ることが大切であり、原発は稼働すべきではない」と考える人もいれば、「原発を稼働させなければエネルギーのコストが上昇して経済に悪影響を与えるのだから、稼働すべきだ」と考える人もいます。

おおもとの価値観が異なる相手とただ「反対」「賛成」といい合っても、建設的な議論は望めないでしょう。少なくとも「なぜこの人は原発の稼働に反対しているのか」を、背景を含めて考え、「相手の立場に立ったら自分はどう考えるか」を想像して、初めて自分の考えも客観視できるのではないでしょうか。

議論において重要なのは勝ち負けではなく、思考を柔軟にして、よりよい問題の解決策を見つけたり、なんらかの着想を得たりすることであり、建設的な議論をするよう努める姿勢を持つことが教養であるともいえます。

意見が異なる相手に対し、「バカだから話にならない」「だからあの人はダメなんだ」などと否定に走ることは、教養とはかけ離れた態度であり、非常にもったいないことです。

「答えのない問い」の議論で見えること

専門を異にする学生たちが同じ「答えのない問い」について考え、議論していると、自分の専門について相対的に見ることができるようになります。

　ある法学部の学生は、この授業について「他学部の人と議論してみて、法学の考え方のよさも悪さも含め、他の学部の学生とは異なるものを自分が提供できることがわかった」「これまでは法学部から専攻を変えようかと考えたこともあったけれど、法学的な考え方のメリットを感じられた」と述べていました。


　人は、他人と接することで、初めて自分を知ることができるといわれます。

無人島に一人でいる人間は、自分というものを理解できません。他の誰かと会い、他者を認識することで、初めて自分を認識できるのです。

　似たようなことは、日常生活の中でも起こりえます。人は自分が今取り組んでいる学問や仕事が大事なものですし、周辺には似たような学問や仕事に取り組んでいる人が集まりやすいものです。そのような環境では、自分を相対化する視点をもたらすような他者との関わりが欠けがちになります。

学問や仕事において何らかの専門を持つこと、自分の中に「軸」を持つことは重要です。繰り返しになりますが、その「軸」がみなさんの教養の基礎となるからです。

しかし一方で、「軸」が硬直化して他者との建設的な議論ができなくなり、柔軟な思考を持てなくなれば、それは問題解決能力を失うことを意味します。

しっかりとした「軸」を持ちながら思考を柔軟に保つバランスが重要であり、それこそがみなさんが持つべき教養なのです。

第3章 教養がない人は生き残れない

この章では、ビジネスパーソンにとって必要な教養とは何か、そして教養をいかにビジネスに役立てるかを考えていきます。

もちろん、教養はビジネスのためだけにあるわけではありません。直接仕事に役立たなくても、あるいは仕事の成功に結びつかないものであっても、必要な教養を身につけることで、人生をより豊かなものにできる面はたくさんあります。

それにもかかわらず、あえて本書でビジネスに関連づけた章を設けたのは、ビジネスのために必要な教養が今までとは大きく異なってきており、方向転換が必要になってているからです。

またビジネスでの教養の活用を考えれば、単純にお金を稼ぐという面だけではなく、より有意義な働き方や生活という面でも大きなプラスが得られるでしょう。

これからの時代のビジネスにおいて必要とされる「あたらしい教養」というのは、本質的には今までの章で説明してきた教養と変わりはなく、答えのない問いについてよりよい解を探す能力、そして自分とは異なる他者と連携する能力を養うことです。

それを具体的にビジネスの現場にどう生かしていけばよいのか、なぜこれらがビジネスでとても重要になってきているのかを詳しく説明していくことにしましょう。

専門性だけが高い人材は生き残れない

みなさんは「ビジネスパーソンとして長く活躍したい」と考えたとき、求められる能力はどのようなものだと考えているでしょうか。

「やはり何か専門的な知識がなければ」と考え、たとえば資格取得を目指す人もいるかもしれません。あるいは、AI（人工知能）により「生き残る職種、消える職種」があるといわれる中、生き残れる職種を探そうと考える人もいるでしょう。

しかし、現代は「専門知識があれば安心」「この職種なら安泰」とはいいにくい時代です。情報技術の進展などによりビジネスの環境が大きく変化する中、ビジネスパーソンに求められる能力についても、新たな課題の解決やこれまでにないアイデアの発想などの比重が高まっているからです。

ビジネスの場面において「課題解決」「アイデア発想」のために必要なのは、「異分野に視線を向ける力」と「異分野とコミュニケーションする力」です。これらは、今までの章で述べてきた、「自分と違う他者と連携する」という真の教養をより具体化したものといえます。

もう一つの「答えのない問いについて、よりよい解を探す」能力も、当然ビジネスに関係しますが、これについては後で詳しく説明することにします。

「異分野に視線を向ける力」とは、自分の目の前の課題だけに向き合って解決策を探すのではなく、さまざまな分野に関心を持ち、そこからヒントを得て解決策に結びつけていくことをいいます。これは力というよりは、そのような姿勢や心の持ち方という面が強いかもしれません。

高度経済成長期は、海外に「お手本」を探し、それを真似《まね》たり、より品質を高めたり、より安く作ったりすることが多くの日本企業にとってビジネスの主流でした。それは、より発展した国や企業などの「お手本」が周りにしっかりあったからです。
たとえば日本の自動車会社は、フォードやGMのような立派な車を作りたいと思ってきたはずですし、家電メーカーも欧米の立派な家電を目指してよりよいものを作ろうと努力してきました。

このように「お手本」がしっかりある場合には、脇目も振らずに「お手本」を目指すのが一番よい戦略でした。しかし日本が先進国化して久しい今、「お手本」はどこにもありません。どんな製品を作ればよいのか、その道しるべが明確でなくなってしまったのです。

また人工知能等の技術革新がさまざまな分野で起き、自動運転車など既存の技術の延長線上では考えられなかったような製品やサービスがあちこちで現れるようになってきています。

このように社会が変化する中、多くの企業において上司が部下に「新しい製品やサービスのアイデアはないか」「斬新な製品、今までにないコンセプトの製品を考えろ」などという場面が増えてきているわけです。

まったく新しい発想の製品やサービスを実現させ、イノベーションを起こすことが求められる中では、自分の専門分野だけに目を向け、手の中にある技術や知識だけで課題を解決しようとすることがなかなか難しくなってきます。

今までとは異なったアイデアを発想しようとしても、自分の専門分野からすぐに得られるものではないからです。

もちろん、専門性を持つことは意義のあることですし、自分の専門にある程度集中しなければ、解決の糸口にたどり着かないことがあるのも事実でしょう。

しかし一つの分野に集中しすぎると、本来目を向けるべきものが視界に入らなくなるという現象はしばしば生じがちです。

少し視線を外し、異分野に関心を持つことは、まったく新しいアイデアをもたらすうえでとても有益だったりします。

有名な事例として挙げられるのは「マジックテープ」の名前で知られる面ファスナーです。

1948年、スイスの山奥で愛犬を連れて狩猟に出かけていた電気工学者のジョルジュ・デ・メストラル氏は、自分の服や愛犬の毛に野生ゴボウの実がくっついているのに気づきました。

不思議に思ってその実を持ち帰り、顕微鏡で覗《のぞ》くと、その実が無数の鉤《かぎ》でできており、鉤が衣服や犬の毛にしっかりと絡みついていることを発見したのです。この構造を応用し、何年かの試行錯誤の末に面ファスナーは開発され、日本では「マジックテープ」の名前で売られるようになりました。

異分野にどれだけ関心を持てるか

この例のように、本業の知識とはまったく別のところから思わぬヒントを得たり、アイデアを思いついたりするのは、世の中に多々あることです。それが思いがけない出会いから生じる場合もあります。

ですから自分から意図的にさまざまな分野に関心を持ち、そこからヒントを得て解決策に結びつけていく姿勢を持つことが大切です。これが、「異分野に視線を向ける力」です。

ただし、単に視線を向けたり、意識をしたりするだけでは前に進めない場合もあります。たとえば、より積極的に新たなビジネスの機会を探ろうとすれば、従来とは異なる産業分野に進出したり、異業種と協業したりする必要性が増えてきます。するとと当然、これまではまったく関わり合いのなかった分野の人と会話し、議論する必要性に迫られることになります。

そこで求められるのが「異分野とコミュニケーションする力」です。

わかりやすい例を挙げると、初期の携帯電話の頃まで、情報通信企業が扱うのはほとんど音声通話のみでした。しかし情報通信技術の発達により電話回線上にさまざまな情報が流せるようになったことで環境は激変し、テレビなどの放送業界やゲーム、音楽などのコンテンツ産業との結びつきが深まっています。

情報通信企業で働く人は否応なく、ゲームを作る人、動画を作る人、あるいはユーチューバーのような人と会話し、議論し、ビジネスを進めていく必要性が生じてきているわけです。

社会が大きく変化する中、業種や業界が異なる人と会話し、建設的な議論を行って成果を生み出す力はますます求められるようになっています。


「私はコンテンツ作りが仕事なので、もの作りのことはわかりません」

「IT業界で働いているので、外食サービス業界には興味がありません」


こういったスタンスでは、ビジネスの活動範囲はなかなか広がっていきません。生き残っていくことすら難しい場合も出てくる可能性があります。

それとは逆に、「異分野とコミュニケーションする力」を持っている人は、会社の中でもチャンスが与えられやすく、実際に新たな課題に取り組んだときに成果を上げられる可能性も高くなるでしょう。

世間一般でも「コミュニケーション能力が必要」ということはよくいわれます。けれども、その意味はあいまいです。「誰とでも楽しく会話できる」「気遣いができる」といったイメージを持っている人が多いかもしれません。

しかし、よりよい成果を生むという観点でいえば、ビジネスパーソンに求められるコミュニケーション力は、「異分野と」という点こそ強調されるべきではないかと思います。

異分野の人同士でそれぞれの知見を生かし、相互の違いをふまえて議論し、アイデアを発展させていくことこそ、ビジネスに求められる真のコミュニケーション力であり、それはまさに本書が繰り返し述べている「教養」にほかならないのです。

絵画の「教養」はこう生かす

本書では、知識量を追う従来の教養観に対しては、どちらかといえば否定的な立場を取っています。

会話の中に故事を挟んで「もっともらしさ」を加えたり、海外事例を持ち出して自説を強化したりといったテクニックについては、ビジネスにおいて役立つ場面もあると思いますが、それは本質的な意味での教養とは別物だと考えています。

しかし、たとえば絵画に関する知識について「教養を身につけるうえで不要だ」というわけでもありません。

大切なのは、そのような知識を身につけたとして、「具体的にどのように生かすか」です。

筆者（柳川）があるシェフから聞いてなるほどと思ったのは、「ヨーロッパではアートはビジネスコミュニケーションのためにある」という話です。

そのシェフのレストランの個室には有名画家の絵が飾ってあります。それは単なる飾りではなく、レストランの格を高めるために壁にかけられているのでもありません。

ビジネスパーソンが取引先と初めて食事をともにするとき、その絵について会話し、コミュニケーションのきっかけにしてもらうのが目的なのだそうです。

異なる会社、異なる業界のビジネスパーソン同士は、バックグラウンドも大きく違うことが多いといえます。共通の話題がすぐには見つからないときに、絵画を間にスムーズに会話を進めて場を温め、そこからビジネスの話に入っていくわけです。

この点、アートは世界共通であり、会話をはずませやすいのが利点といえます。

ビジネスで海外の人とやりとりするときには、ある程度の教養が必要だということはよくいわれます。

「自国の歴史については知っておくべきだ」

「世界的に話題になった映画くらいは見ておくべきだ」

こんなアドバイスを見聞きしたことがある人は少なくないでしょう。

このようなアドバイスは、「バックグラウンドが異なる人同士がスムーズにコミュニケーションをとるために」活用できる知識があるとよい、というところに真意があるはずです。

たとえば、絵画の知識をたくさん身につけて「この絵はピカソの『青の時代』の作品だ」ということがわかるようになっても、その知識を介して他者とコミュニケーションを深めることができないのであれば、「教養」という観点ではあまり意味がないといえるでしょう。

逆にいえば、さほど詳しい知識がなくても、関心を示す態度や、意識的にコミュニケーションをとって関係性を深めるというスタンスがあれば問題ないとも考えられます。

スポンサーになる意味をわかっていない日本人

これに関連してもう一つ、筆者（柳川）がＦ１レースの関係者の方から聞いた話も紹介したいと思います。

彼は、「日本企業はＦ１でスポンサーになることの意味を正しく理解できていない」と強く主張していました。

みなさんは、日本企業がＦ１のスポンサーになる意味はどんな点にあると思いますか？

「車体にロゴが貼りつけられれば宣伝になる」

「ブランドイメージが上がる」

多くの人が想像するのは、こういったメリットではないかと思います。

しかし、本当に重要なメリットは、まったく別のところにあるのだそうです。

F1のスポンサーになると、現地でイベントを開催したりブースを持ったりでき、それらのイベントやブースには、世界中の企業から人が集まります。そこでさまざまな出会いがあり、多くのビジネスチャンスが生まれるのです。

そして海外企業がF1のスポンサーになる理由は、まさに「ビジネスチャンスを作ること」なのだといいます。

しかしF1スポンサーとなった日本企業には、ブースの中で日本人同士が集まっている姿ばかりが見られることも多かったようです。

「せっかくのチャンスを生かせず、多くのスポンサーが非常にもったいないことをしている」という話を聞いて、なるほどと思ったものです。

ヨーロッパはもともと地続きで異なる民族が共生する社会であり、異文化の人同士が会話することを前提として、社会が組み立てられてきた面があります。

アートを使ってコミュニケーションをとるという考え方や、F1のスポンサーになることが世界中の企業とのコミュニケーションのチャンスだという捉え方は、ヨーロッパ社会が培ってきた仕掛けや工夫が背景にあるのかもしれません。

後で詳しく説明するように、最近では「オープンイノベーション」という言葉が企業の重要な戦略として使われることが多くなりました。自社内で閉じた形で開発を行って、イノベーションを起こそうとするのではなく、社外の人や企業と積極的に交流してイノベーションを起こそうという考え方です。

ヨーロッパに見られる姿勢や文化は、オープンイノベーションを実現させていくうえで大きな強みになりうるものです。

この点、日本は同質性が高い社会ということもあり、異文化の人とコミュニケーションする重要性やそのための工夫に対して、比較的無頓着なところがあったように思います。

専門を異にする人と協働し、建設的な議論をし、オープンイノベーションを拡大させていくためにも、その「一つ手前」の話として、異文化の人とコミュニケーションするための工夫について考えてみることも大切ではないかと思います。

楽天の英語公用語化をどう評価するか

ビジネスシーンでの英語によるコミュニケーションに関連して、一つつけ加えたいことがあります。

楽天グループが社内の公用語を英語にしているのは有名な話ですが、英語を公用語にすると発表した当時は「意味があるのか」「実際にうまくいくのか」といった疑問の声も多くあがっていました。

筆者（柳川）は、言語は文化と結びついた営みですが、英語はそれを母国語としない人たちにとってはコミュニケーションのためのツールでもあり、英語を話せるかどうかはさして重要ではないと思います。

しかし社内で英語を公用語にすれば、英語を話す文化の人と接する機会が増え、そういったバックグラウンドを持つ人が社内に増える効果もあります。異文化の人と協働する機会は大きく増えているはずです。

そこで生じる化学反応のようなものにこそ、意味があるのではないでしょうか。

ここで、「答えのない問いについてよりよい解を探す」という教養のもう一つのポイントが重要になってきます。

異分野の人と接点を持つと、少なからず「あなたはそんなふうにものを見ているんですね」「そんな発想があるんですね」といった驚きがあるものです。

先の例でいえば、筆者にとってシェフやF1関係者は、日ごろ話をする学界関係者や学生とは異なるという意味で、異分野の人たちといえます。

しかし、その人たちと会って話す機会があり、そこで彼らのものの見方を知ったことが、日ごろ思いもしなかった、ヨーロッパにおけるコミュニケーションの工夫について考えをめぐらせることにつながったといえます。
ビジネスについても、きっと同様のことがいえるでしょう。
異分野の人と多く接点を持てる環境にいると、ちょっとした会話の中から新しいビジネスモデルの種が拾えることも増えると思うのです。

一方、同質性が高いコミュニティに閉じこもっていると、意思疎通がスムーズで日々の仕事は楽に進められるという利点はあるのですが、どうしても新たな視点を得る機会は少なくなってしまいがちです。

今は、多くの会社で新しいアイデアや新しい視点が必要とされる時代です。そんな時代のビジネスパーソンには、スムーズさではなく、あえて「自分が気持ち悪さを感じる」ほどの異質な他者と接し、そこから気づきを得るプロセスが求められているのではないかと思います。

同質なコミュニティの中では、全員が同意する意見を比較的まとめやすく、それが「正解」になります。

しかし、その「正解」はそのコミュニティの人たちがいいと思うものであり、もしかすると、コミュニティの外の人から見ればまったく同意できないものかもしれません。

異分野の人、異文化の人には、その人たちなりの「正解」がある可能性があります。

そして新しい概念、新しいビジネスモデル、新しい製品やサービスといったものは、異分野・異文化の人同士が「正解」と「正解」をぶつけ合うことで生まれてくるものだともいえます。

一つの業界、一つの会社、一つの部署で長く経験を積むと、どうしても「これが正解だ」という考えが強化されがちです。

しかし、すべての「正解」はあくまでカッコつきの「正解」にすぎません。安易に正解を決めてしまったり自分の正解に固執したりするのではなく、「答えのない問いについてよりよい解を探す」姿勢で異文化の視点を取り入れ、いかに新たな価値を生み出していくかを考えていくことが今ほど重要な時代はないと思います。

「異業種との連携」に必要なこと

ここまでの話を、もう一度「オープンイノベーション」という視点からまとめておくことにしましょう。

近年、ビジネスの世界では「オープンイノベーション」が流行《はや》り言葉のようになっています。オープンイノベーションとひとくちにいっても意味するところは場面によって違いがありますが、おおまかには「会社の壁を取り払い、場合によっては産業の壁も取り払い、相互協力することでイノベーションを生む」と捉えられます。

海外のオープンイノベーションの成功事例に注目して「日本でもオープンイノベーションを」と考える経営層は少なくありませんが、これまでのところ、日本でオープンイノベーションの好事例が次々に現れるような状況にはなっていません。

これは、日本では「異なる専門を持つ人同士がぶつかり合って化学反応を起こす」経験が不足していることが要因ではないかと思います。オープンイノベーションには、まさに本書で述べてきたような「教養」が求められるからです。

その一方で、最近では大型の異業種連携が次々に発表されています。

たとえば2018年10月、トヨタ自動車とソフトバンクグループが自動運転技術などモビリティに関する新たなサービスで提携すると発表しました。

「ソフトバンクが有するIoTの資産、トヨタが持つモビリティサービスのプラットフォーム（基盤）やグループに集約した物づくりの力を融合し、よりよいサービスを作ることができる」（トヨタ自動車友山茂樹副社長）

「日本の自動車産業は誇れるものだが、米国や中国、欧州のハイテク産業の勢いを見ると、ソフトバンク単独でも自動車メーカー単独でも難しい。連合を組み、色々なことを議論してみようというのでスタートした。まだギブアップするポジションにない」（ソフトバンク宮川潤一副社長、日本経済新聞電子版2018年10月4日）

トヨタ自動車とソフトバンクグループがコラボレーションするというのは、一昔前なら想像できないことだったでしょう。

また同年11月には、LINEがみずほフィナンシャルグループと組んで銀行業に参入するという発表もありました。メガバンクなど大手金融機関とベンチャー企業の協業は近年、発表が相次いでいます。これも一昔前なら考えられなかったことです。

異業種と組むことでビジネスチャンスを模索したり、新たなビジネスモデルを考えたりすることは、広い意味でオープンイノベーションの事例といえそうです。

こうした異業種連携が今後うまくいくかどうかを左右する大きな要因の一つは、やはり「異なるバックボーンを持つ人同士がいかにコミュニケーションし、建設的議論を進められるか」にあるのではないかと思います。

それぞれに高い技術を持つトヨタ自動車とソフトバンクグループの連携はポジティブに捉えることもできますが、企業文化に大きな違いがあるであろうことは想像に難くありません。

安全性を最大限に重視し、長年に渡り「ニッポンのもの作り」をなりわいとしてきた企業と、ネットワークのスピードと規模拡大を追い求めてきたベンチャースピリッツを色濃く残す企業とでは、「最初の1歩から踏み出す方向性がまったく違う」ということもありえるでしょう。

メガバンクとSNS企業の組み合わせも、金融ビジネスのノウハウや基盤を持つ企業と先端テクノロジーを持つ企業のかけ合わせが新たなビジネスチャンスにつながる可能性を秘めている一方で、大手金融機関の人が持つ感覚と「失敗しながらどんどん前に進める、ダメなら戻ってやり直せばいい」といったテックベンチャーの気質には大きな隔たりもあるはずです。

連携にあたっては、お互いに「どうしてこんなに話が通じないのだろう」と感じる場面も多いかもしれません。

しかし、そういった「壁」を乗り越えた融合の先にこそ、新たなビジネスチャンスがあることも間違いないと思います。

したがって、「自分と違う他者と連携していく」能力という意味での教養がますます重要になってきているのです。

それでは具体的に、どのような能力を磨いたら、あるいはどんなことをしたら、より有効に他者と連携していくことができるのでしょうか。この点をもう少しビジネスに即して考えてみましょう。

共通の目標がない「連携」はうまくいかない

すでに述べたように、「壁」を越える必要性に直面する人は今後ますます増えていくはずですが、そこで求められるのは「両方の考え方を相対化し、俯瞰して見ること」です。

企業の当事者なのか、仲介する第三者なのかはさておき、それぞれの立場を理解してお互いが歩み寄れるようにうまく間に立つ力がある人がいるかどうかが、連携の成否を左右することになるはずです。

もう一つ、オープンイノベーションの成否に大きく影響するポイントがあります。それは「共通の目標」です。

先に「オープンイノベーションは場面によって意味が異なる」と述べましたが、中には「まずは異業種間で交流を深め、いずれ面白いアイデアが出せれば」というスタンスで始まるケースもあります。

しかし具体的な目標がないままでは、議論はなかなか活発化しません。そもそも建設的な議論ができるのは、「共通の課題」を持ったうえで異なる見方をぶつけ合うからこそなのです。

たとえば「配車サービスを構築しよう」というように具体的な目標を共有できれば、それに向けて課題を話し合ったり意見を出し合ったりすることができます。そのときに、どのような配車サービスが望ましいのか、どのように構築すればよいのかといったことは、すべて「答えのない問い」であり、一方が「正解」だと思うものを、もう一方は「正解」だと思わないことも多いでしょう。

それでも「問い」が設定されていれば、よりよい解決法を探るべく建設的な議論を重ねやすくなるはずです。

「事実認識」と「価値判断」を分けて考える

共通の目標を設定したとして、それではどのように議論を進めていけば連携を強めていけるのでしょうか。建設的な議論のためには、「事実認識や見立て」と「価値判断」を区別することが必要です。

たとえば消費税率の引き上げについては、賛成だという人と反対だという人がいます。メディアなどが「消費税率の引き上げについて賛成ですか、反対ですか」と尋ね、賛成と反対がそれぞれ何パーセントかという調査結果を示すこともあります。

しかし、賛成か反対かを言い合っても、あまり建設的な議論にはなりません。それは、賛成派と反対派の間に価値観の相違があるだけでなく、前提となる事実の認識や事実に基づいた見立てが違っているはずだからです。

消費税率引き上げについていえば、引き上げによってどのような影響があると考えているのか、抱いているイメージは人それぞれです。

「いや、消費が冷え込むというのはみんなわかっているはずだ」と思うかもしれませんが、なぜ、どのように、どの程度消費が冷え込むのかは人により捉え方が異なるでしょう。そして、その「これくらい冷え込むだろうと考えている程度」が仮に同じでも、それがどの程度問題と考えるかは人によって異なるでしょう。

このように、意見が分かれていく理由は多岐に渡りますが、重要なのは、消費税率引き上げによって「世の中に何が起きるか（事実認識や見立て）」と、「それが起きた世の中についてどう評価するか（価値判断）」に分けて議論することなのです。

事実認識や見立てが同じであれば、「どう評価するか」については価値判断の話であり、意見が対立してもしかたない面があります。多数決でものごとを決めざるをえないこともあるでしょう。

しかし「消費税率引き上げの影響が具体的にどう発生し、それはどの程度のものなのか」については議論の余地があります。

たとえばある産業への打撃が大きそうだという理由で消費税率引き上げに反対している層に対して、「過去のデータからシミュレーションした結果に基づくと、影響は限定的」という予測を示せれば、反対している人が引き上げに歩み寄る余地が生まれるかもしれません。

あるいは、シミュレーションに対して「自分の見立ては違う、なぜならばこちらのデータでは……」といったように別の予測が示されることで、影響を軽減する方策を話し合う方向に議論を進められるかもしれません。

つまり「今後どうなるか、何が起きるか」の事実認識や予測の話と、「それをどう評価するか」の価値判断の話を切り離し、価値判断は合意できないことを前提として、事実認識や予測について話し合うのが建設的議論のための手段になるということです。

かみ合わない議論の進め方

原発に関する問題についても同様のことがいえます。

原発事故が起きた後にはさまざまな議論がなされましたし、今現在も議論は続いていま す。そういった議論を見ていて感じるのは、「原発を稼働し続けることにより将来的に何が起きうるのかという予測」と「原発を廃止すべきか否かの価値判断」が必ずしも分けて行われていないということです。

価値判断についていえば、今の経済活動と将来に渡る放射能のリスク等をどうバランスをとるかについては、完璧な予測が可能だと仮定しても、人によって判断が分かれると思います。

「リスクの程度はさておき、今の経済的な豊かさこそ大事だ」と考える人もいれば、「電気料金が高騰して経済が冷え込むかどうかはさておき、重大な健康被害をもたらすリスクを負うよりはいい」と考える人もいるでしょう。

こういった価値判断について全員が同じ判断をすることはほとんどありえませんし、筆者（柳川）を含めて個人個人が自分で判断しなければならないことです。

しかし価値判断は、健康被害や環境への影響について科学的な予測があり、それに基づいて「その予測なら私はこう思う」というふうに行われます。そこで「前提となる事実」、つまり科学的な予測については議論が可能ですし、議論を深めなければならない点であると思います。

専門家といえども確実な未来予測はできませんから、科学者によって予測は異なるのが当然です。

それでも、価値判断と明確に切り分けて予測についての議論がなされれば、「なるほど、見立てはいろいろあるけれど、7割くらいの科学者はこう予測しているのか」といったように議論の全体像を把握しやすくなります。

切り分けが明確なら、「賛成」「反対」という価値判断が混在する中で「誰を信じればいいかわからない」という状況にはなりづらく、自分なりの判断も可能になるのではないでしょうか。

筆者（柳川）が実際にさまざまな議論の場に参加したり、議論をそばで聞いたりしてきた経験からは、「事実認識と見立て」と「価値判断」を切り分ける習慣がある人は少ないように思います。

どちらかといえば、議論というのは価値判断の押しつけ合いに陥りがちなものといってもいいでしょう。

しかし、価値判断の押しつけ合いが始まれば、議論は暗礁に乗り上げることになります。

建設的に議論を進めていくには、価値判断を切り離し、「自分が事実をどう認識し、その事実認識に基づいて今後何が起きると考えているのか、どんな未来像を描いているのか」を整理して相手に伝えることが必要です。

そのうえで、事実認識と見立てについて、議論している相手との違いはどこにあるのかを冷静に分析しながら議論を深めていく必要があるのです。

いかに建設的な議論をするか

ここで、第1章で触れた借地借家法の議論について改めて考えてみたいと思います。

先に見たとおり、借地借家法については、かつて経済学者と法学者で意見の対立が起きたことがありました。

借地借家法では「家を借りて生活している人」の生活を守るという観点から、借り手側の権利保護が手厚く、簡単に追い出せないことになっています。

これは貸し手側から見れば、自分が持つ不動産を自由に活用できないという大きなデメリットになります。

経済学者は経済活動の活性化という観点から「借り手の権利を保護しすぎではないか」といい、それに対して法学者は「それは実態がわかっていない、弱者切り捨ての議論だ」といった反応を示して、当初はやや感情的な対立が生じたのです。

これについてはまず、「お互い、重視する価値観が異なっている」ことを認めたうえで、どこまでの権利保護が適切なのかを考えることで、建設的な議論ができるようになりました。

さらに踏み込んでいえば、価値観が異なっていたとしても、「事実認定と見立て」の部分では十分に議論の余地があり、そこを高める形での建設的な議論に発展させることができるわけです。

具体的に説明します。

先にも少し説明しましたが、借地借家法による手厚い借り手の保護は、貸し手にとっては不利な面があります。このため、不動産を持っている人が借地借家法に基づいて賃貸にすること自体を避けがちになる可能性があります。もしもその影響が強く出てしまうと、結果的に賃貸市場全体の貸家の数を減らすことにつながりかねません。

貸家が減るという間接的な効果を含めて考え、借りたい人が借りられなくなる、あるいは家賃が上がってしまうという可能性まで考えると、借地借家法は「借り手を守る」ことにネガティブな影響を与える可能性があることがわかります。

このようなロジックは経済理論が得意とするところで、この「見立て」自体は、法学者の人でも、説明すれば理解できるものです。すると次は、本当にそんなネガティブな影響が借り手に生じているのかどうかという「事実認定」の問題になるわけです。

ここで本当にそれが生じている事実がわかれば法学者の人も納得できるでしょうし、逆にそれが生じていなければ、経済学者の人も、現実にはネガティブな効果はないと納得してもらえるというわけです。

もちろん、実際にはそうすっきりと事実認定ができるとは限らず、どこまでネガティブな効果が発生しているかで議論は分かれがちです。

それでも、単に「権利が強すぎる」「弱すぎる」といい合っているよりは、はるかに建設的なレベルでの論争になっていることがわかるでしょう。

また、間接的な効果を考えるというのは、「どの視点で判断するか」の違いを考えることでもあります。

たとえば今、寝たきりの人がいる一家が家賃を滞納したとします。借地借家法が守るのは、その「寝たきりの人がいる一家」であり、そういった人たちを保護すべきかどうかというのが、視点の第一になります。

一方、先に述べたように、経済学者は「その人たちを助けることによってその後の貸家がどうなるか」を考えます。そこで影響を受けると考えられるのは、同じ借り手でも、これから家を借りるであろう潜在的な借り手です。

つまり、「今の借り手」と「将来的に貸家を借りたいというニーズを持っている潜在的な借り手」のどちらを重視するかで、この間接的な影響の重要度は変わってくるということです。

このように考えると、「借り手を保護する」という価値観を重視する立場で考えても、借り手の権利をどこまで保護すべきかの判断は、どの視点でどこまで間接的な効果を考えるのか、そして、実際にそれがどの程度なのかという事実認定等によって、大きく変わってくることがわかります。

論争をするとどうしても、結論をどうするかの争いだけになってしまいがちですが、重要なのは、このような結論に至るまでの「事実認定と見立て」の部分にあり、それらが明確になったり、あるいは同意できるところが出てきたりすることによって、議論は建設的になり、より有意義な結論を見出すことができるのです。

AIの発達が異分野連携を促す

この話には、もう少し続きがあります。

借地借家法の問題が取り上げられた1980年代からしばらくの期間を経て、筆者（柳川）は1998年に『会社法の経済学』という本を上梓しました。タイトルのとおり、経済学の視点から会社法を中心とした法制度にアプローチするというのが趣旨で、法学者との共著です。

経済学の道具立てを使えば、たとえば会社法のある条文について、間接的な経済的影響が将来に渡ってどう及ぶのかということをモデルを使って示すことができます。そのような道具立てを活用して「誰がどう損をしてどう得をするのか」を示したうえで、経済効率性一辺倒ではなく、弱者救済の視点も持って会社法について考えるというのは、十分に意義のあることではないかと、少なくとも筆者は考えていました。

そして実際に、異分野の視点やツールを持ち込むことは、会社法にとって意義のあることだったのではないかと思っています。

もちろん、これは逆も同じです。

経済学の中に法学的な分析手法や法学的な発想を取り入れれば、経済学者だけでは気がつかないロジックを発見できることもあります。

そもそも、法律というのは経済学の分析の外にあり、経済学者は「法律を変えたらどうなるか」を検討することなくモデルを組み立ててきた経緯があります。

しかし法律次第で経済は大きく影響を受けるわけですから、本来は法学者と議論し、その視点を取り入れることは必須であるはずなのです。経済学者と法学者は、会社法次第で経済に影響が及ぶという観点でもってお互いの専門領域を橋渡しすることが社会の要請でもあります。

実際、世界的には会社法を経済学的に分析する方法が主流になりつつあります。アメリカには経済学博士号を持つ会社法の教授がたくさんいますし、日本でも両方の知見を持つ学者は増えてきているのです。

それぞれ独立して発達してきた経済学と法学が相互に関係することに気づき、議論を深められるようになったのと同様、異なる専門領域の間にブリッジをかけることの重要性はさまざまなジャンルで認識され、少しずつ進みつつあるように思います。

たとえば企業経営と情報技術の発達は、かつては深い関わりがあるものとは考えられていなかったでしょう。最新の情報技術に関心を持つ経営学者はごく少数派で、「経営は経営」「情報技術は情報技術」という考え方が一般的でした。

しかし、ＡＩが発達したときに企業経営がどう変わりうるかといった問題も議論されている昨今、経営を考える際に情報技術について無視することはできなくなっています。

さまざまな領域において分野をまたぐ変化が起きている今、専門領域をつなぐことの重要性はますます高まっているといえます。

簡単にはうまくいかないと覚悟する

ここまで、ビジネスパーソンにとって必要な教養という観点で、「異分野の人とのコミュニケーション」や「専門領域をつなぐ」ことについて考えてきました。

本章の最後にみなさんにお伝えしたいのは、これは「頭でわかっても、そう簡単にはいかない」ということです。

筆者は会社法の経済学的分析を行うにあたり、法学者とコミュニケーションし、議論を重ねました。「会社法はどうあるべきか」という具体的な問題を共有して議論を始めましたから、当初から話はしっかりかみ合っていると思っていました。

しかし議論を進めていくと、だんだん話がかみ合わない場面が出てきたのです。筆者にとって『会社法の経済学』は、「表向きは同じことを考えているように見えても、やはり根本的な差異というものがあるのだ」ということも痛感したプロジェクトでした。

そして「根本が違っている」ということが理解できたとき、ほんとうの意味で建設的な議論が始まったのです。

これは異業種連携や、たとえば海外赴任などで異文化の人と一緒に仕事をするといった場面でも同じことがいえるのではないかと思います。

先に「ビジネス上の共通の目標があれば建設的な議論をしやすい」と述べましたが、とはいえ、共通の目標があれば当然に建設的な議論ができるわけではありません。

これまでまったく異なる社風の会社で働いてきた人同士、あるいは育った国が違う人同士、宗教が違う人同士が一緒にプロジェクトに取り組み始めたとして、スムーズにお互いを理解し合えるはずがないのです。

楽観は捨てる必要があります。「そもそもうまくいかないのではないか」という覚悟を持ってスタートしたほうが、建設的な議論に近づくのは早いだろうと思います。

専門や文化の違いは意外に根強い

一緒に何かを始めようとする場面を結婚にたとえるなら、「2人が結ばれてめでたしめでたし」となった後、「めでたく結ばれた2人が一緒に暮らすのだから、うまくいくはずだ」と考えるのは楽観的すぎるでしょう。

相手は、自分とは別の家庭で育ち、そこにはさまざまな考え方の違いがあるのが当然です。「基本的には違う意見を持っていたり、違う習慣を持っていたりするものだ」ということを前提として、「その中でうまくいくには、どうしたらいいか」を考えたほうが、幸せな家庭生活に近づけるでしょう。

もし「私の実家ではこうだった、普通はこうだろう」などといえば、深刻な不和が生じかねません。

「違いがあること」を理解し合うというのは、実は非常に難しいことです。

人は、違いが表面化すると、コミュニケーションがスムーズにいかないことを知っています。ですから表面的には「わかり合えている」かのようにふるまうものです。できるだけスムーズに合意を形成しようと努めますし、他者に対して理解ある態度を示すよう気を遣ったりもします。

そのような時間を一緒に過ごしていると、互いに共通の価値観を持っているかのような錯覚に陥ることも少なくありません。

しかし、育った文化の違い、専門の違い、宗教の違いといったものは意外に根強いものです。そして「わかり合えているはずだ」という錯覚のもと、コミュニケーション不全は容易に発生します。

特に日本は、異なる宗教や文化を持つ人とぶつかり合う経験が少ない環境にあります。

「普通はこうだよね」といい合える集団、「言葉にしなくてもわかり合える」集団の中にいがちなことを意識しておかないと、いざ異文化の人と接したとき、衝突が起きやすいといえるでしょう。

異文化の人の価値観について、安易に「わかっている」と考えるのは危険です。「根本的にはわかり合えないのだ」ということを意識し、それでも「わかり合えないから」と諦めることなく、「わかり合えないからこそ」真摯《しんし》にコミュニケーションをとることが大切です。その態度もまた、本書が考える「教養」だといえます。

第4章
教養が身につく習慣

教養ある「情報の選び方」

この章では、序章から第3章までで見てきた現代社会の課題、それに対応するために本書が重要だと考える教養についての考え方をふまえ、行動や考え方を教養あるものに変えていくための習慣について具体的に考えていきたいと思います。

ただし、「これさえ実践すれば、誰でも教養が身につく」という「正解」を求めるのは、それこそ教養に欠ける姿勢です。

「こうやればいい」「こう考えればいい」という結論を探すのではなく、「なぜ、そのような考え方が教養と結びつくのか」「本当にそれで教養が身につくのか」といったことを、みなさん自身が考えながら読み進めてください。

一つめに取り上げるのは、情報の選別のしかたです。

先に触れたように、現代社会はインターネット上にさまざまな情報があふれており、その中には明らかに誤ったものやフェイクニュースも数多く含まれています。今の時代を生きる人々にとって、情報の選別は避けて通れない問題です。

情報の真偽や情報の質を見極めたいと考えるなら、基本動作として挙げられるのは、複数の情報源にあたったうえで共通項を探り、「確からしいことは何か」を考えてみることです。

その際、「確からしいと感じること」には自分のバイアスがかかっていると自覚することが求められます。

「確からしい」という判断は自分自身にとっては正当に感じられるものですが、人間は完全に客観的になることはできず、常に主観に影響を受けざるをえません。

みなさん自身が持つ価値観、これまでに身につけてきた知識や重ねてきた経験によって、「確からしいという判断」には偏りが生じるのです。「主観的であり、バイアスがかかる」という自覚なしに客観性を高めることはできません。

具体的に気をつけたいポイントは、「いつも自分が見ているコミュニティの情報だけを信頼してはいけない」ということです。

特にSNSは、「自分が共感しやすい情報が、目の前に並ぶよう設計されている」ということを意識する必要があるでしょう。SNSを中心とした情報収集は偏りが生じやすいため、注意しなければなりません。

情報の選別において大事なもう一つの点は、「自分ごととして考える」ことです。人間が脳で情報を処理する際には、2つの経路があるといわれます。自分にとって重要度が低いことはふんふんと聞き流したり深く考えずに決断したりしますが、自分にとって重要だとなれば簡単に情報を信じず、よく吟味しようとするのです。

このような経路の使い分けは「二重過程理論」と呼ばれます。

たとえばある市民ワークショップで地球温暖化について取り上げた際には、参加した市民は必ずしも熱心とはいえず、「行政が決めてくれればいい」という態度が見えました。しかし話題が保育園に関する問題に移ると、参加した市民の中から次々に意見が出て、熱を帯びた議論が展開されることになったのです。

このような反応の違いが生じるのは、地球温暖化という問題が日常生活から遠く、なかなか「自分ごと」として感じにくい一方、地元の保育園の問題はまさに「自分ごと」だからでしょう。

人には譲れないものがあり、譲れないものについての話となれば、いい加減な情報を簡単に信じたりはせず、よく吟味します。しかし「自分ごとではない」と感じれば、適当に処理する回路のほうにまわってしまいがちです。

情報の真偽や質を見極めるうえでは、「自分ごと」として捉えることが必要なのです。

「情報を選別しない」という選択もある

ここまで「情報を選別するにはどうすればいいか」を考えてみましたが、まったく別の「そもそも情報を選別しない」という考え方もあります。

選別するということは、「いいものと悪いものがある」という前提に立っていると考えられます。これは「正解の情報があると考え、それを選ぼうとする発想」だともいえるわけです。

情報を選ばないとすればどうするのかというと、筆者（柳川）は「残ったものだけ」

を使います。たくさんの情報に接する中で、自分が覚えている情報が大事な情報だと考えているのです。

これはある意味では、かなり個人的な「好き嫌い」「大事か大事ではないか」で判断して選別しているともいえます。


前項の考え方からすれば、「それではフェイクニュースばかりが集まったらどうなるのか」「バイアスがかかることを防ぐべきではないのか」という心配が出てきそうです。

実際、「情報を選別しない」というスタンスをとれば、フェイクニュースを情報として認識してしまったり、情報を集める時点で、バイアスがかかりやすくなることはある程度起きてしまいそうです。

では、どうしたらよいのでしょうか。対処法は、2つです。一つは、できるだけたくさんの多様な情報に接するように心がけることです。そうすることによって、特定のフェイクニュースばかり見てしまう、特定の考え方だけに染まってしまうという事態を、ある程度避けることができます。いろいろな意見に意図的に接することによって、どれが説得力のある情報なのかが、わかってくる面があるからです。

とはいっても、なかなかすべての情報の重要性や正しさを判断するのは難しいものです。これは、ここでのやり方だけでなく、前項のようによい情報を積極的に選びだそうと考える場合でも、やはり起きる課題です。その際重要になるのが、情報を使う段階でよし悪しの判断を修正していくという第2の対処法です。

なぜなら、自分が偏った情報ばかりを集めているのかどうか、あるいは間違った情報を信じているのかどうかは、情報を使う段階で（結果として）わかってくる場合が多いからです。

その情報を利用したり、その情報に基づいて判断したりしてみると、「この情報はちょっとおかしいのではないか」「あまり信用できない情報ではないか」ということがわかってくることがしばしばあります。その段階で、情報に対する判断を修正していくのです。

もちろん、利用する前にその情報が正しいものかどうかをしっかり判断できるのであれば、それに越したことはありません。しかし、あからさまなフェイクニュースを別にすれば、たとえ専門家の間であっても、人によって主張が正反対で、何が本当に正しいことなのか判断がつかないということはしばしば起こります。

そのような場合には、最初から一方が正しいと決めつけてどちらかの専門家の人の話だけを聞くのではなく、両方の意見をしっかりと聞いて、実際に自分が行動するときにいいと思うほうを使ってみる、そしてその結果、「おかしいな」と思ったら自分の考えを修正していくという方法しかないのだろうと思います。

つまり「自分が大事だと思う」という情報を頭に残しておくことは大切なことなのですが、その際に重要なポイントは、この「修正していくこと」なのです。

「何が大事か」というのは自分の価値観であり骨組みとなるものですが、これを修正することを怠っていると、選択していないつもりでも、自分が集める情報に偏りが生じていくことになるからです。

このような対処をしつつ、それこそフェイクニュース自体も、見方によっては重要な情報になりえると考え、自分の中に幅広い情報を入れていくことを筆者（柳川）は重視しています。

このような発想は、ある意味で、市場を使うという発想に近いのかもしれません。たとえばベンチャー企業がたくさん出てきたとき、「これから成長しそうなベンチャー企業を選別して国が補助金を出す」といったことが行われることがありますが、「成長しそうなベンチャー企業」として選ばれた企業が実際に成長するかというと、なかなか難しいというのが実際のところです。

このような場合、「どのベンチャー企業が本当に優れているかは事前にはわからない」という前提に立ち、助成金を出すなら幅広いベンチャー企業に出し、競争のメカニズムの中で優れた結果を出した会社をさらに助成するという発想もあり得ます。

「ある程度やってみないと実際のよし悪しはわからない」というのが市場を使うという考え方のベースだとすると、情報についても「いろいろな人との対話などで自分自身が情報を使っていく中で、そのよし悪しがわかってくる」という発想が出てくるわけです。

思考を組み立てるために「しゃべる」

2つめに取り上げるのは、考える力をつけるための「しゃべり方」です。

東京大学の後期教養教育科目の一つである異分野交流論の授業で学生の様子を見ていると、授業を開始した時期と修了時期とでは「きちんとしゃべれるかどうか」に差ができます。

そして、これはそのまま、「思考を組み立てる力」の差にもなっていると感じます。

「きちんとしゃべれる」というのは、「Aさんはそういうけれど、私はこう思う」ということを表明するとき、ただ「Aさんはダメだ」「Aさんは間違っている」というのではなく、「Aさんのいうことの、この前提部分に私は合意できない。なぜならば、私はこういう前提を持っているからだ。だから私の意見はこうだ」という建設的な批判ができることをいいます。

しゃべることに慣れていない学生は、「Aさんと自分の意見が違うな」と感じても、「なぜ自分は違うと思うのか」を言語化することができません。

そこで「ダメだ」「間違いだ」という感情的な表現に逃げることなく、「なぜ自分は違

う と思うのか」を掘り下げて言語化することを積み重ねなくてはなりません。
ここは、訓練が必要なところです。「しゃべり方＝思考の組み立て方」は、受け身で情報を受け取っているだけでは身につかないのです。

東京大学では、学生は授業で「しゃべり方」を身につけていきますが、日常生活の中でも訓練は可能です。

たとえば自分の友人や会社の同僚などと会話しているときに違和感を持ったり怒りを感じたりしたら、それを大事にしてください。

その場で「それは違うと思う」「不快だ」といい出せなかったとしても、その違和感や怒りをメモしておき、「なぜ違和感を覚えたのか」「なぜ怒りを感じたのか」を建設的な批判になるところまで分析してみます。

そして、きちんと思考を組み立てることができたら、次に同じような違和感を覚える場面になったときに、それをしゃべってみましょう。同調圧力に負けず、建設的に議論しようと試みることなくして、考える力や教養は身につきません。

なお、「建設的な批判」をするときは、何を目的に考えるかを間違えないように気をつけなくてはなりません。

建設的な批判の形をとっていても、それが自己正当化だけを目的としていれば、建設的な議論はできないでしょう。

重要なのは、自己正当化だけでなく、「他者正当化」も同時にするという態度です。相手には相手の理屈があることを理解しようという姿勢がないと、思考の深まりに差が生じます。

他者正当化というのは、言い換えれば「相手の立場に立って考える」ということであり、それは本書で繰り返し述べてきた教養ある態度と同義なのです。

異分野に関心を持ち、引き出しを増やす

3つめは、学びを「活用できる知識」にし、さまざまな場面で応用する力のつけ方です。

新たな知識や情報に接したとき、それを丸暗記するだけでは「小ネタ」以上のものにはなりえません。知識や情報というのは、咀嚼《そしやく》して自分のものにしなければ、意味のある活用はできないのです。

ここで、第3章で触れた「異分野に視線を向ける力」の必要性を思い出してください。ビジネスパーソンに求められる課題解決やアイデア発想には、自分の目の前の課題だけに向き合って解決策を探すのではなく、さまざまな分野に関心を持って学び、そこからヒントを得て解決策に結びつけていくのが有効な方法の一つです。

「さまざまな分野について学ぶ」というのは、たとえていえば、自分の中に引き出しを増やしていくことです。その引き出しの中に「自分なりのたたみ方」で知識を整理してしまっていくことが、意味のある活用のために必要なことだといえます。

もちろん、引き出しの中身は常に整理し直していくことも大切です。ときにはたたみ方を見直して「知識の再編」をしていくことが、より知識を引き出しやすく、活用しやすくします。

「引き出しを増やし、自分なりのたたみ方でしまう」ためには、さまざまな分野に関心を持って学ぶこと、そして、ここでも「学んだことをしゃべる」のがお勧めの方法です。しゃべることが有効だというのは、筆者（柳川）が学生と会話する中でも強く実感しています。

学者として論文を読めば頭の中に知識が入るはずですが、いつでも人に説明できる状態になっているかというと、「読むだけ」ではなかなかそこまでは定着しません。しかし、学生に論文の内容を伝えると、しゃべることを通じて知識としてしっかり定着するのです。

これはアクティブラーニングの有効性とも通じる話ですが、論文を読んだ段階では、それはまだ「他者の考えを知識として学んだ」だけの状態です。それを自分で言葉として発すると、知識に血肉が与えられ、自分の持つ知識の文脈の中に置かれるのです。

一度授業で学生に話したことは「自分のたたみ方」で引き出しの中にしまわれ、いつでも出して活用できるようになります。

自分の言葉にしてしゃべると、なぜこのような効果をもたらすのかといえば、しゃべることは、第2章で解説した「相手の立場に立つ」ことや「自分と相手の立場を入れ替え、往復する」ことの実践だからです。

自分が学んだことをしゃべって人に伝えようとすれば、相手の立場に立って、わかりやすいように話そうと努めます。そのためには情報を自分なりに整理し直し、より伝わりやすい言葉を選ぶことが必要です。

そして、そうやってしゃべると、情報が整理された形で自分の中にも入り直ることになります。それが「自分のたたみ方でしまう」ことになるわけです。

「話すこと」で知識を整理する

相手の立場に立ってわかりやすくしゃべるというのは、なかなか難しいものです。

教員として学生に教え始めるときをイメージすると、誰しも最初は「どうすればわかりやすく伝わるか」を考えるのに苦労するものではないかと思います。

しかし「しゃべってわかりやすく伝える」ことも、意識的に実践し、繰り返しトレーニングすれば、徐々に慣れていきます。大切なのは、実践することです。

この方法は、誰でも実践可能です。

たとえば、自分が仕事で新しい知識を学んだときは、家族に話してみましょう。もちろん、「その道のプロではない人にとってわかりやすく整理して伝えるよう努める」ことが大切です。「え？　それはどこがどうすごいの？」と聞かれたときに、きちんと「すごさ」が伝わるようにしゃべってみるのです。

しゃべってみると、相手が納得しないこともよくあるはずです。その「伝わらない」部分こそ、自分が本当には理解できていないことだったり、ロジックに穴があったりするところです。

それに気づいて学び直したり、理解を深めたりできるのも「しゃべること」のメリットです。

加えていえば、ひとりで言語化するのではなく「相手がいてしゃべる」利点は、リアルに反応が得られることにあります。

相手の立場に立ってしゃべっているつもりでも、相手にとってわかりにくければ、表情や反応からそれを察知でき、よりわかりやすくしゃべろうと工夫できます。

重要なのは、相手がどう反応するかより、「相手の反応に注意を向けながらしゃべる」ことです。

どのような場面でも、面白かったこと、すごいと思ったことは「なぜそう思ったのか」を異分野の人、その道の専門家ではない人にしゃべって説明するようにしましょう。

この日々の積み重ねにより、引き出しの整理が進んでいくことになるはずです。

相手の立場に立って話をすることは、知識を整理して「自分の引き出しにしまう」のと同じです。そして、「自分の引き出しに入っていること」は、いざ議論の場で活用するとき、相手の立場に立った情報提供につなげられます。

つまり教養の土台となるようなほんとうに活用できる知識を身につけることと、相手の立場に立って会話する力は、相互に強化される関係にあるのです。

「どちらが正しいか」を競わない

4つめは、「建設的な議論」のトレーニングをすることです。

しゃべって思考を組み立てる力をつけること、学んだ知識をしゃべって人に伝えることなどを実践して話すことに慣れてきたら、できれば周囲の人と実際に議論してみる機会を持ちましょう。相手は友人でも会社の同僚でも、誰でも構いません。

議論をするときに意識しておきたいのは、「どちらが正しいか」を競うものではないということです。お互いに意見が違うという前提に立ち、「どう違うのか」「なぜ違うのか」について議論しましょう。

相手の意見に対する違和感を覚えたとき、それを攻撃に変えず、分析のきっかけにすることが肝要です。

また、議論に慣れていないと、自分と反対の考えを示されることで「自分が否定された」と感じ、感情的になってしまう人もいます。

これを防ぐためには、議論の前に「お互いに意見が違う」という前提を、しっかり共有しておくことが必要でしょう。

競わないのと同じくらい重要なのが、相手に同調しないことです。

特に友人や同僚と「トレーニングのために」議論をするとなると、「意見がぶつかって険悪になるのは避けたい」と考え、安易に「そうだね、それは私も大事だと思う」などと同調してしまうことが起きやすくなるかもしれません。

しかし繰り返しになりますが、議論で重要なのは「お互いに何が違っているのか」を整理することです。

議論をするというと、「とはいえ、最終的には結論を出さなければ」と考え、それが「正解探し」につながっていくことも少なくありません。

しかし、議論の目的はそれぞれが意見を相対化してみること、相対化した意見を受け入れ合うことです。

それぞれの意見に対する評価を加える必要はありません。よい悪いの評価にとらわれないということを確認し、意識しながら議論をしたほうがいいでしょう。

本は「疑いながら読む」

5つめは、教養を培うための本の読み方です。

本は「何か新しい知識や情報を得るため」に読むという人が多いでしょう。

しかし本書が考える教養という観点では、「この本を読めば何らかの『正解』がわかって自分の知識にできる」と期待すべきではありません。

本を読むときに期待したいのは、「さまざまな視点に立つための練習」になることです。書いてあることを鵜呑《うの》みにするのではなく、「この本ではこう書いてあるけれど、視点を変えるとどう考えられるか」というように、「疑いながら読む」のです。

あるいは、本を読むときに「1冊で完結させない」というのも実践しやすい方法です。たとえば同じ課題に焦点を当てている本を2〜3冊読んでもいいですし、1冊の本を読んだら、その本とまったく逆の主張をしている本を読むようにするのもいいでしょう。

一つの課題について、異なる学問分野の本を読むのも面白いはずです。たとえば情報技術のことでも、社会学者が論じているのとエンジニアが論じているのとでは、切り口も価値観も異なるものになっているはずです。

このような読書法を取り入れる際は、「読書ノート」に読んだ本についてそれぞれの主張などを記録しておくのもいいでしょう。

記録をつけると思考が整理されやすくなるだけでなく、「複数の本を読んだけれど、主張が似たものばかり選んでしまっていた」といった問題に気づきやすくなり、「視点の切り替え」ができているかどうかを自分でチェックできます。

主張が異なる本を読むと、どちらにも一理あると感じて「どちらが正しいのか」と悩むこともあるでしょう。

しかし「こちらのほうが正しい」と判断することが目的ではありません。そのように悩み、考えることこそ重要なのです。それは、読んだ本で取り上げられているテーマについて俯瞰してみることにつながります。

また、同じ課題について異なる学問分野の本を読めば、「専門が異なる人同士の主張がどう異なっていて、その違いがどこで生じているのか」を考える訓練になります。

このような読み方をするときは、評価をくださないことを心がけたほうがいいでしょう。もちろん、「こちらの本は文章が偉そうでダメだ」などといった感情的な判断をしないことも大切です。

「視点の違いにフォーカスして理解する」というのは、本書が考える教養の中核をなす重要な能力です。

ビジネスパーソンが課題解決やアイデア発想につなげるということについても、「正しい方向性は誰にもわからないし、正解を示してくれる人もいない」ことが前提です。

求められているのは「正しい課題解決法」や「正しいアイデア発想」ではなく、さまざまな分野の専門家が建設的に議論する中でお互いの視点の違いを整理し、そこから発展的によりよい策を探っていくというプロセスを実践する力なのです。

意識的に視点を切り替える

最後に、「視点の切り替え方」について取り上げたいと思います。

筆者（藤垣）は仕事の中で翻訳をすることがありますが、翻訳には「蟻《あり》の目」と「鳥の目」の両方が必要です。

「蟻の目」では、今まさに訳している一文において主語はどれか、述語はどれかということをしっかり押さえていく必要があります。

一方、その一文の意味を正しく訳すためには、その本の全体を見て、その一文が全体の中のどんな位置にあるのかを「鳥の目」で見なくてはなりません。

この「蟻の目」と「鳥の目」のように視点を切り替える力は、翻訳に限らず、さまざまな研究や仕事などの場面で必要になります。

「切り替える力」を身につけるには、意識的に視点を変える必要があります。

本書でも何度か触れてきた原発の問題を例にすると、電力会社の問題として捉えるのか、日本の問題として捉えるのか、他国にとっての問題として捉えるのか、地球全体の問題として捉えるのかによって見え方が変わり、考え方や価値判断も変化する可能性があるでしょう。まさに鳥が空を飛ぶように、どんどん視点を高くしてみるわけです。

企業の問題から国家の問題へ、そして世界の問題へというような視点の切り替えは、日常的な場面でも応用できます。

たとえば、みなさんが仕事をしていて上司と意見がぶつかったとき、「上司と自分の問題」というところから、「部署全体の問題として捉えたらどうか」「会社全体の問題として捉えたらどうか」「経営者の目線で考えたらどうか」というように視点を切り替えることができれば、問題の所在が違って見えたり、上司と自分の意見が異なる背景がクリアになったりするかもしれません。

切り替えは時間軸で行うのが有効なこともあります。「過去から見たらどう捉えられるか」「未来から見ればどうか」と考えてみるのです。

たとえば歴史の本を読んだとき、歴史上で起きたことを自分の状況に置き換えてみると、歴史上の人物の行動や判断が、自分の行動や判断の選択において活用できるかもしれません。

あるいは、歴史上の人物の立場に立ったとき、「自分だったらどう行動したり判断したりするか」と考えて比較すれば、自分の思考や価値観の相対化につながります。

視点の切り替えは、問題の種類や規模によって「どう切り替えてみるのが有効なのか」が異なります。また、例に挙げた「視点を高くする」「時間軸を変える」以外にも、切り替え方はあるでしょう。

「このパターンで視点を切り替えればいい」という「正解」を探すのではなく、問題に直面したときにその都度、「視点を切り替えたら、どうなるか」と試行錯誤し、さまざまな切り口で考えをめぐらせてみてください。

おわりに　藤垣裕子

読者の皆さん、この本を読み終えて、いかがだったでしょうか。教養についての理解が少しすすんだでしょうか。最後に、この本がどんなふうにできたのかの種明かしをしておきます。

まず柳川先生と藤垣は、２０１３年度東京大学総長補佐の同期でした。総長補佐というのは、毎年17名ほどからなり、10ある教育部局（学部をもつ研究科）からは毎年1名、学部をもたない研究科および研究所からは隔年または回り持ちで7名が選出され、総長とともに東京大学の運営にかかわる議論を毎週のように行う役職です。

私は教育担当理事付で「博士論文の電子公表」「大学ガバナンス論」、総合的教育改革の「後期教養教育ワーキンググループ」の座長を担当しました。それ以外に、卒業生室、渉外、広報、学術推進室、大総センター（教育企画室）、学生相談ネットワーク、救援・

復興支援室ボランティア支援班、総合博物館の担当でした。

この年の総長補佐は、当時の濱田純一総長の主導した総合的教育改革の議論の最盛期に役職についていましたので、総合文化研究科・教養学部所属の私も、経済学研究科・経済学部所属の柳川先生も、同等に「東京大学における教養教育および専門教育はどうあるべきか」を真剣に議論しました。この議論こそが、この本のベースになっています。

私は第2章でご紹介した学部1、2年生の前期教養教育や3、4年生の後期教養教育について、2015～2016年度は総合文化研究科副研究科長・教養学部副学部長として、国立大学教養教育実施組織会議、国立七大学教養教育主幹部局長会議、京都女子大学でのシンポジウム、統合科学研究所の合宿式ワークショップなどで議論を重ねてきました。そして2017年度以降は、名古屋大学教養教育院の他、医師の研究会、技術者の研究会や大学院生用のプログラムで講演を行い、医師のための教養教育、技術者のための教養教育、そして大学院生のための教養教育について熱く議論を交わしました。このような経験がこの本に生かされています。

また、この本は、柳川先生との議論に、ライターの千葉さんおよび編集者の四本さんとの議論も加えてつくられていきました。つまりこの本をつくる過程で、私たちは、科学技術社会論と経済学との異分野交流（第2章参照）に加え、大学の教員と編集の現場にいる人という異業種間交流（第3章参照）、そして人にしゃべることによって教養についての自分の考えを言語化し、引き出しを増やすこと（第4章参照）を、実際に実践していたのです。

まず前もっての打ち合わせの後、3回の対談をもとに千葉さんが原型となる原稿をつくりました。教養教育の側面を藤垣が、ビジネスの側面を柳川先生が、対談の内容からの文章の追加を千葉さんが、ほぼ同時並行で書き加えていきました。そのプロセスは、ピアノパート、ギターパート、コーラスパート……と重ねて、英国ロックバンドのクイーンが1975年に楽曲『ボヘミアン・ラプソディ』を多重録音していったプロセスに少し似ています。

そして完成した原稿は、私の想像よりはるかに面白く、私にとってもはっとさせられる内容を含んだものとなりました。まさに異分野交流と異業種間交流の醍醐味です。

読者の皆さんにとっても、何らかの発見のある本であることを祈念しています。本書をつくるにあたってご尽力いただいた編集者の四本さんとライターの千葉さんに感謝いたします。

おわりに　柳川範之

正直に告白すれば、僕は自分が教養のある人間だと思ったことは一度もありません。ですので、自分がこんなふうに教養に関する本を書くことになろうとは思いもしませんでした。もちろん、ここでいう教養のある人間というのは、本書の最初のところで書いているように、古今東西の知識に精通しているという意味の人ですが。

そもそも暗記が得意でない僕からすれば、かつては、小ネタレベルのものであれ、多くの知識をしっかり覚えていて披露している人に、羨望に近いものを感じていました。

しかし時代が変化して、技術革新がおき、経済やビジネスを巡る環境が大きく変わっていく中で、何かが違うと感じるようになりました。知識の多さも重要なのだけれど、もっと違う能力が必要とされているのではないか、これからはもっと知識を結びつけることが大切なのではないか。そんなことを、ビジネスの現場や政策議論の場など多くのところで感じるようになったのです。

そのような能力こそが、実は真の教養と呼ぶべきものではないのか、そんなふうに感じるようになったのは、藤垣さんと教養教育のあり方を議論するようになってからです。そのプロセスについては、藤垣さんが詳しく書いてくれていますが、いずれにしても、異分野の人と議論をすることによって、僕は、教養という言葉の持つ意味を改めて考え直すことができ、自分が重要だと思い始めていた能力と、それを結びつけることができたのです。

本文でも詳しく書いているように、一般には、教養とビジネスに役立つ能力とは、あまり結びつけて考えられていないように思います。普通の人が知らない知識を披露することによって、営業がスムーズに進むということくらいは、多くの人が認識しているかもしれませんが。

しかし、実際には、真の教養は、ビジネスを考えるうえでとても重要な役割を果たす能力だと、僕は考えています。人工知能が大きく発達するといわれているこれからの時代だからこそ、むしろ、この本が考える真の教養が必要になってくるのではないか、そんな問題意識から、本書は書かれています。多くのみなさんが、少しでもそのことに気がついてくれると有難いと思っています。

そして、当然のことながら、狭い意味でのビジネスの現場だけではなく、日々の生活をより充実したものにするうえにおいても、本書で説明している教養は大きな役割を果たすはずです。そして、それが結果としてよりよい社会を作り上げていくことにもつながるでしょう。

本書を最後まで読んでくださったみなさんは、真の教養は、本書の中身を丸暗記すれば得られるというわけではないことは十分おわかりのことと思います。本書のメッセージが、みなさんがこれから真の教養を身につけるうえで、大いに役立つことと信じています。

みなさんにとって本書が、何か新しい一歩を踏み出すきっかけになるならば、著者としてこんなに嬉しいことはありません。

藤垣さんも書かれているように、本書は編集の四本恭子さん、そしてライターの千葉はるかさんの、ご尽力によって初めて出来上がったものです。お二人がいなければ、決して出版までたどり着けなかったと思います。ここで改めて、お二人に深く感謝いたします。

著者略歴

藤垣裕子《ふじがきゆうこ》

一九六二年、東京都生まれ。東京大学大学院総合文化研究科・教養学部教授。一九八五年、東京大学教養学部基礎科学科第二卒業。一九九〇年、東京大学大学院総合文化研究科広域科学専攻博士課程修了。同年、東京大学教養学部助手。一九九六年、科学技術庁科学技術政策研究所主任研究官。二〇〇〇年、東京大学大学院総合文化研究科広域システム科学系助教授。二〇一〇年、同教授。二〇一三年、東京大学総長補佐。二〇一五年〜二〇一六年度東京大学大学院総合文化研究科副研究科長・教養学部副学部長。学術博士。著書に『専門知と公共性』(東京大学出版会)、『科学者の社会的責任』(岩波書店)、『大人になるためのリベラルアーツ』(共著、東大出版会)など。

柳川範之《やながわのりゆき》

一九六三年生まれ。東京大学大学院経済学研究科・経済学部教授。中学卒業後、父親の海外転勤にともないブラジルへ。ブラジルでは高校に行かずに独学生活を送る。大検を受け慶應義塾大学経済学部通信教育課程へ入学。大学時代はシンガポールで通信教育を受けながら独学生活を続ける。大学を卒業後、東京大学大学院経済学研究科博士課程修了。経済学博士(東京大学)。『法と企業行動の経済分析』(第五十回日経・経済図書文化賞受賞、日本経済新聞社)、『東大教授が教える独学勉強法』(草思社)など著書多数。

幻冬舎新書 560

東大教授が考える
あたらしい教養

二〇一九年五月三十日 第一刷発行

著者 藤垣裕子＋柳川範之

発行人 志儀保博
編集人 小木田順子

発行所 株式会社 幻冬舎
〒一五一-〇〇五一 東京都渋谷区千駄ヶ谷四-九-七
電話 〇三-五四一一-六二一一(編集)
〇三-五四一一-六二二二(営業)
振替 〇〇一二〇-八-七六七六四三

ブックデザイン 鈴木成一デザイン室
印刷・製本所 株式会社 光邦

Printed in Japan ISBN978-4-344-98561-2 C0295
ふ-18-1

幻冬舎新書

出口治明
人生を面白くする
本物の教養

教養とは人生を面白くするツールであり、ビジネス社会を生き抜くための最強の武器である。読書・人との出会い・旅・語学・情報収集・思考法等々、ビジネス界きっての教養人が明かす知的生産の全方法。

丹羽宇一郎
死ぬほど読書

「どんなに忙しくても、本を読まない日はない」——伊藤忠商事前会長で、元中国大使が明かす究極の読書論。「いい本を見抜く方法」「頭に残る読書ノート活用術」等々、本の楽しさが二倍にも三倍にもなる方法を指南。

小谷野敦
面白いほど詰め込める勉強法
究極の文系脳をつくる

膨大な〈知〉を脳の許容量いっぱいにインストールするコツは「リスト化」「記号化」「年表化」の三技法！　文藝評論家で留学経験があり、歴史や演劇にも詳しい著者が教える、博覧強記になれる最強ノウハウ。

梶谷真司
考えるとはどういうことか
0歳から100歳までの哲学入門

ひとり頭の中だけでモヤモヤしていてもダメ。考えることは、人と問い語り合うことから始まる。その積み重ねが、あなたを世間の常識や不安・恐怖から解放する——生きることそのものとしての哲学入門。

幻冬舎新書

小林真美
出世する人の英語
アメリカ人の論理と思考習慣

日本人が思うアメリカ人像と実際のアメリカ人はかなり乖離しており、それに気づかず出世できない日本人は多い。本当のアメリカ人がわかるだけでなく、出世に有利な使える英語も身につく一冊。

曽野綾子
人間にとって病いとは何か

病気知らずの長寿が必ずしもいいとは限らない。なぜなら人間は治らない病いを抱えることで命をかけて成熟に向かうことができるからだ。病気に振り回されず充実した一生を送るヒントが満載。

高橋和
頭の良い子は将棋で育つ

集中力、記憶力、決断力、思いやり、礼儀作法も――子どもの成長に役立ち、ゲームとしても最高に楽しい将棋。子どもに将棋体験をさせたい親のために、始め方・家庭での指導法などをアドバイス。

おおたとしまさ
ルポ 東大女子

学生時代は高学歴すぎて恋人選びが難しい。社会に出て出世したら「男社会」の壁にぶち当たる。かといって専業主婦になったら生涯収入3億円減。究極の高学歴女子「東大女子」のジレンマに迫る。

幻冬舎新書

小谷太郎

言ってはいけない宇宙論

物理学7大タブー

ダーク・マターとダーク・エネルギーの発見は、人類が宇宙を5％しか理解していないと示したが、こうした謎の存在を生むアインシュタインの重力方程式は正しいか？　元NASA研究員が7大論争を楽しく解説。

朝日新聞社会部

きょうも傍聴席にいます

長年の虐待の果てに、介護に疲れて、愛に溺れて、一線を越えてしまった人たち。日々裁判所で傍聴を続ける記者が、紙面では伝えきれない法廷の人間ドラマを綴る。朝日新聞デジタル人気連載の書籍化。

齋藤和紀

シンギュラリティ・ビジネス

AI時代に勝ち残る企業と人の条件

AIは間もなく人間の知性を超え、二〇四五年、科学技術の進化の速度が無限大になる「シンギュラリティ」が到来――既存技術が瞬時に非収益化し、人も仕事を奪われる時代のビジネスチャンスを読み解く。

泉谷閑示

仕事なんか生きがいにするな

生きる意味を再び考える

「働くことこそ人生」と言われるが、長時間労働ばかり蔓延し幸せになれる人は少ない。新たな生きがいの見つけ方について、古今東西の名著を繙きながら気鋭の精神科医が示した希望の書。

幻冬舎新書

佐々木閑　大栗博司
真理の探究
仏教と宇宙物理学の対話

仏教と宇宙物理学。アプローチこそ違うが、真理を求めて両者が到達したのは、「人生に生きる意味はない」という結論だった！　当代一流の仏教学者と物理学者が縦横無尽に語り尽くす、この世界の真実。

野瀬泰申
文学ご馳走帖

志賀直哉『小僧の神様』で小僧たちが食べた「すし」とは？　夏目漱石『三四郎』が描く駅弁の中身とは？……文学作品を手がかりに、日本人の食文化がどう変遷を遂げてきたかを浮き彫りにする。

瀧靖之
脳はあきらめない！
生涯健康脳で生きる　48の習慣

2025年、65歳以上の5人に1人が、認知症になる時代がやってくる。今ならまだ間に合う！　16万人の脳画像を見てきた脳医学者が教える、認知症にならない脳のつくり方。

工藤美代子
読ませる自分史の書き方

どうしたら読み手を唸らせる「自分史」を仕上げることができるか。読ませるポイントや、やってはいけないことなど、執筆の肝を、第一線のノンフィクション作家が具体的に伝授。自分史入門の決定版！

幻冬舎新書

文部省著　西田亮介編
民主主義
〈一九四八-五三〉中学・高校社会科教科書エッセンス復刻版

敗戦直後に中学・高校用教科書として刊行され、民主主義に最も真剣に向き合った時代の日本人の熱い志と高い理想を、やさしく、格調高く語りかける『民主主義』。この名著から特に重要な部分を厳選して復刊。

森博嗣
作家の収支

38歳で僕は作家になった。以来19年間で280冊、総発行部数1400万部、総収入15億円。人気作家が印税、原稿料からその他雑収入まで客観的事実のみを赤裸々に開陳。掟破りの作家の経営学。

佐藤康光
長考力
1000手先を読む技術

一流棋士はなぜ、長時間にわたって集中力を保ち、深く思考し続けることができるのか。直感力や判断力の源となる「大局観」とは何か。異端の棋士が初めて記す、「深く読む」極意。

大栗博司
重力とは何か
アインシュタインから超弦理論へ、宇宙の謎に迫る

私たちを地球につなぎ止めている重力は、宇宙を支配する力でもある。「弱い」「消せる」など不思議な性質があり、まだその働きが解明されていない重力。最新の重力研究から宇宙の根本原理に迫る。